Gerhard Scherhorn
Geld soll dienen, nicht herrschen
Die aufhaltsame Expansion des Finanzkapitals

Wiener Vorlesungen im Rathaus
Edition Gesellschaftskritik

Band 5
Herausgegeben für die Kulturabteilung der Stadt Wien
von Hubert Christian Ehalt

Vortrag im Wiener Rathaus
am 8. November 2007,
aktualisiert im November 2008

Gerhard Scherhorn

Geld soll dienen, nicht herrschen
Die aufhaltsame Expansion des Finanzkapitals

*Mit einem Vorwort
von Hermann Knoflacher*

Picus Verlag Wien

Informationen zu den Wiener Vorlesungen unter
www.vorlesungen.wien.at

Informationen über das aktuelle Programm
des Picus Verlags und Veranstaltungen unter
www.picus.at

Inhalt

Die Wiener Vorlesungen.
Das Dialogforum der Stadt Wien

Am 2. April 1987 fand im Wiener Rathaus ein Symposion zum Thema »Die Stadt und die Wissenschaft« statt. Das Hauptreferat hielt der renommierte polyglotte Soziologe René König, Nestor der Sozialwissenschaften und Herausgeber der Kölner »Zeitschrift für Soziologie und Sozialpsychologie«. Die große Resonanz dieser Vorlesung, in der der Vortragende eindrucksvoll die Anregung und Forderung formulierte, die Stadt möge »ihre Universitäten einnisten«, stärkte die Idee einer Vorlesungsreihe im Rathaus als Schnittstelle zwischen Wissenschaft und Stadtkultur. Wir von der Kulturabteilung der Stadt Wien erklärten den konzisen Vortrag René Königs daher zur Startveranstaltung der »Wiener Vorlesungen«, die noch im selben Jahr 1987 unter anderen Kardinal Franz König, die Herausgeberin der »Zeit«, Marion Dönhoff, sowie die Professoren Bruno Bettelheim, Andreas Rett und Hans Strotzka als Vortragende gewinnen konnten. Seither skizzieren die Wiener Vorlesungen vor einem sehr großen und immer noch wachsenden Publikum in dichter Folge ein facettenreiches Bild der gesellschaftlichen und geistigen Situation der Zeit.

Prominente Denkerinnen und Denker stellen ihre Analysen und Einschätzungen zur Entstehung und zur Bewältigung der brisanten Probleme der Gegenwart zur Diskussion. Das Anliegen der Wiener Vorlesungen war und ist eine Schärfung des Blicks auf die Differenziertheit und Widersprüchlichkeit der Wirklichkeit. Die Wiener Vorlesungen stehen für Analyse und Kritik, für eigenständige Positionen auch gegen den Mainstream

herrschender Begrifflichkeiten und Sichtweisen. Die Pro-
grammatik der Wiener Vorlesungen lautet: Aufklärung
statt Vernebelung, Differenzierung statt Vereinfachung,
Analyse statt Infotainment, Utopien statt Fortschreibung,
Tiefenschärfe statt Oberflächenpolitur, Widerspruch
statt Anpassung, Auseinandersetzung statt Belehrung.
Die Wiener Vorlesungen analysieren, bewerten und bi-
lanzieren, befähigen zur Stellungnahme und geben Im-
pulse für weiterführende Diskussionen und Aktivitäten
im Sinne unserer Auffassung, dass die Aufklärung noch
immer und wiederum ein tragfähiges Prinzip ist.

Im Hinblick auf den dualen Charakter menschlicher
Handlungen in einem Spannungsfeld von »Sinn und
Zweck« fördert die aktuelle Dominanz von auf Profit
ausgerichteten Zielsetzungen die immer ausschließli-
chere Zweckorientierung von gesellschaftlichem und
individuellem Tun. Das Postulat, dass die rasche Er-
reichung profitabler Ziele das einzig Richtige und
Vernünftige ist und zu sein hat, drängt die Sinndimen-
sionen, die dem menschlichen Handeln erst Glück,
Zufriedenheit, Hoffnung, Liebe geben können, zurück.
Der allgegenwärtige neoliberale Globalisierungspro-
zess verstärkt den Werkzeugcharakter der individuellen
menschlichen Existenz. Männer und Frauen müssen es
sich – gleich in welcher hierarchischen und strukturellen
Position sie sich gerade befinden – gefallen lassen, sich
ständig nach ihrem aktuellen Funktionswert bewerten
zu lassen. In demselben Maß, in dem die Gesellschaf-
ten ökonomisiert, auf die Steigerung wirtschaftlicher
Effizienz im Dienst privater Profite umgestellt wurden
und werden, wird der Raum für das Humane – für
Erkenntnissuche, Solidarität, Auseinandersetzung mit
den existenziellen Fragen – zurückgedrängt.

*Die aktuellen Entwicklungen von Wirtschaft, Ge-
sellschaft und Arbeit stehen weltweit in einer Tendenz,
in der Individuen und die gesellschaftlichen Strukturen
und Interdependenzzusammenhänge den Charakter einer Maschine annehmen, die ständig im Sinne höherer Effizienz und Rationalität verbessert wird. Gesellschaften und Menschen können – und wollen! – jedoch
nicht wie Maschinen und ihre Module ingenieurmäßig
behandelt werden. Es braucht nicht nur eine ständig
bessere Logistik und Schmieröl. Gesellschaften brauchen Offenheit, Freiraum, ständig neu formulierte
Fragen nach dem Sinn in kurzen, mittleren und langen Etappen. Um einen Freiraum für Offenheit, Solidarität und soziale Utopie zu schaffen, bedarf es der
Ermöglichung von Räumen, in denen dem funktionalen
Anwendungspostulat die ethische Dimension gegen-
übergestellt wird.*

*Wichtig ist ein Bewusstsein für die Notwendigkeit
von Kritik. Kritik muss als zentraler und integraler
Bestandteil von Alltag und Arbeit ständig bewusst gemacht und gesichert werden. Der Schoß, aus dem Bar-
barei wächst, war und ist immer fruchtbar, und es ist
zu befürchten, dass die Fruchtbarkeit dieses Schoßes
durch die aktuellen Entwicklungen in Wirtschaft und
Politik besonders stimuliert wird. Daher bezwecken
die Texte dieser Publikationsreihe der Wiener Vorlesungen die kritisch-analytische Auseinandersetzung
mit den Strukturen, ihren »Motoren«, ihrer »Schwer-
kraft«, ihren Antriebsmomenten. Kritik klärt auf, zeigt
auf, macht die Entwicklung und Realisierung von Alternativen möglich.*

*Die Edition Gesellschaftskritik der Wiener Vorlesun-
gen setzt sich aus unterschiedlichen interdisziplinären*

Perspektiven für eine demokratische, humanistische, gewaltfreie, nachhaltige und soziale Entwicklung ein.

Hubert Christian Ehalt

Neoliberalismus und Evolution
im Widerspruch
Vorwort

Wir brauchen immer schnellere Rechner, nicht zur Beschleunigung des wissenschaftlichen Fortschritts, sondern zur Stärkung der Hegemonie des Kapitals. Die Vermutung, dass Geschwindigkeit in der Informationsübertragung und -verarbeitung besonders im militärischen Bereich benötigt wird und daher die treibenden Kräfte zur Erweiterung und Beschleunigung der Rechnerleistungen aus dem militärischen Sektor kommen, stimmt nur teilweise und ist meist auf ein Symptom einer dahinterliegenden Entwicklung oder Strategie fokussiert. Der von den USA heute in erster Linie massiv betriebene militärische Sektor steht ja schon seit langer Zeit im Dienst der sogenannten »Wirtschaft« insbesondere US-dominierter Konzerne.

Aus den elementaren Prinzipien der Logik und nach dem Gesetz von Ashby kann ein System nur ein anderes beherrschen, wenn seine Freiheitsgrade zumindest um eine Einheit größer sind. Schon allein aus diesem Grund braucht daher das Finanzkapital schnellere und leistungsfähigere Rechner als das Militär. Erst wenn sich dem Finanzkapital Hindernisse in seinem Aktivitäts- und Aggressionsbereich entgegenstellen, die es auf politischem Weg oder durch eigene Kraft wie etwa Korruption und Ähnliches nicht lösen kann, werden das Militär oder die Geheimdienste in militärischer Mission direkt oder indirekt eingesetzt. Jedes Imperium bedient sich dabei – soweit dies noch möglich ist – der Energie und der Ressourcen der von ihm kontrollierten Regionen und Menschen, um den Einfluss, seine Macht zu erhalten.

Der Begriff »Schläfer« ist im Zusammenhang mit der Terrorszene in seiner negativen Bedeutung bekannt geworden, für jene Personen, die im Untergrund oder Hintergrund unbemerkt von der Gesellschaft für bestimmte Aktivitäten vorbereitet werden, um im richtigen Augenblick eingesetzt zu werden. Liest man das Buch von Naomi Klein, »Schocktherapie«, in dem der geschichtliche Prozess des heutigen Neoliberalismus, der zu dem Problem des gefährlichen Wachstums in vielen Bereichen geführt hat, das vom Club of Vienna in seinem »Kapitalismus-Projekt« behandelt wird, so taucht eine erschreckende Parallele zwischen dem Schläfer-Begriff und den auf Umsetzung lauernden Vertretern dieses Theoriekonzeptes auf. Sie lauern auf die richtige Mischung von Verwaltung, Politik und Interessen, um jenes verheerende explosive Gemisch zu erzeugen, das derzeit weltweit feststellbar ist, den »Turbokapitalismus«, der über natürliche oder herbeigeführte Katastrophen die absolute Herrschaft des Kapitals über Regionen, Ressourcen und Menschen anstrebt.

Beruhend auf den verlockenden Begriffen der absoluten Freiheit des Marktes und des unbegrenzten Individualismus wurde die Theorie des Neoliberalismus zur mächtigsten Zeitströmung der letzten Jahrzehnte, weil ihr weder ein theoretisches noch ein praktisch solides Konzept entgegensteht. Dem Liberalismus scheint diese Theorie angemessen zu sein, den Konservativen ist sie im Grunde sympathisch, weil sie die Tragweite nicht erkennen und der Sozialismus steht entweder verständnislos vor dem Phänomen oder beschäftigt sich mit Symptomen.

Die Theorie des Neoliberalismus der Chicagoer Schule kann aber einer sachlichen evolutionstheoretischen Prüfung nicht einmal oberflächlich standhalten. Sie beruht in ihrem Kern auf der Zerstörung höherwertiger Strukturen, die dem Individuum untergeordnet werden. Neoliberalismus beruht auf Regression und zwar auf endloser unaufhaltsamer Regression. Strukturen, die über das »Individuum« hinausgehen, nämlich der Gemeinschaften, der Kommunen, der Städte, der Regionen und der Staaten, die als Einheiten in ihrem Gesamtzusammenhang zu respektieren sind und in ihrer Souveränität erhalten bleiben müssen, werden ausgeschaltet. Was allerdings verborgen wird, ist die Tatsache, dass es sich bei dem »Individuum« nicht um einen physischen Menschen handelt, sondern um den Kunstmenschen internationaler Konzerne. Diesen unmenschlichen künstlichen Strukturen bereitet diese Theorie den Weg zu ihrer absoluten Herrschaft über alles, was sich in Kapitalwachstum umwandeln lässt. Menschen als »Faktor« dieses Prozesses gehören zur bevorzugten Beute.

Der Zusammenhalt menschlicher Strukturen ist in der westlichen Zivilisation durch die Vorstellung und die Beziehungen, die hinter dem Demokratiebegriff stehen, einer der entscheidenden gesellschaftspolitischen Fortschritte, innerhalb dessen individuelle Freiheit nur ausgeübt werden kann. Der Neoliberalismus greift daher demokratische Strukturen grundsätzlich an und entwickelt Technologien und Techniken diese auszuschalten, um seine Prinzipien durchzusetzen, die außerhalb des demokratischen Prozesses der Evolution menschlicher Gesellschaften eingerichtet wurden. Ausgehend von imperialen Absichten der USA und dessen Finanzministerium wurden als nichtdemokratische Institutionen

IMF, WTO und Weltbank eingerichtet und damit nicht nur das gesellschaftliche Wertesystem der Staaten der Welt durchbrochen, sondern damit die Weiterentwicklung der Menschheit grundsätzlich infrage gestellt. Es ist daher naheliegend, dass der Politikwissenschaftler Francis Fukuyama mit dem Buch »The end of history and the last man« (1992) so populär geworden ist und im Sinne dieser eingeschränkten Weltsicht des Neoliberalismus missbraucht werden kann. Fukuyama ging damals davon aus, dass nach dem Zusammenbruch der UdSSR die Prinzipien des Liberalismus in Form von Demokratie und Marktwissenschaft endgültig und überall durchgesetzt werden könnten. Diese Sicht ist wohl mehr als nur auf einem Auge blind und evolutionär völlig unsinnig. Evolution läuft nicht auf Einfalt und Einseitigkeit hinaus, sondern hat als Ergebnis Vielfalt und Fülle. Neoliberalismus steht daher im krassen Widerspruch zur Evolution. Er kann diese zwar auch nicht aufhalten, aber irreversible Schäden erzeugen und die Menschheit um Jahrtausende zurückwerfen. Der Preis an Menschenleben, der als Folge der Umsetzung der theoretischen Fehler des Neoliberalismus bisher bezahlt wurde, übersteigt die weltweiten Opfer des Terrors um ein Vielfaches. Die unter dem Deckmantel des Neoliberalismus versuchte Restitution alter Klassenherrschaft über die Masse gleichwertiger Lebewesen höchster Komplexität und eigenständiger Würde, nämlich die Menschen, kann wohl nicht das Ergebnis und die Zielvorstellung dessen sein, wohin sich die Menschheit entwickeln soll.

Welche Wirkungen die Außenwelt auf die Innenwelt ausübt, zeigen die Psychogramme und das Sozialverhalten jener Personen, die im Finanz- und Kapitalgeschäft tätig sind, in erschreckender Art und Weise. Technologische und finanzielle Veränderungen sind daher nicht folgenlos für die soziale Beschaffenheit des Menschen, seiner sozialen Strukturen bis hin zu den Gemeinschaften im Weltmaßstab.

Die Elimination sämtlicher Werte mit Ausnahme des Geldwertes aus der Gesellschaft zeigt bereits heute Folgen in der Umwelt, im Sozialsystem, der Bildung und der Forschung. Die Leichtigkeit und Schnelligkeit, mit der es möglich war, Menschen, Bildungseinrichtungen, Gemeinden und Staaten in den Grundzügen ihres Wesens und ihrer Ausrichtung zu verändern, beweist, dass die Entwicklung abwärts- und nicht vorwärtsging. Evolutionäre Weiterentwicklung ist immer ein schwieriger, meist auch langsamer Prozess, Zerstörung ein leichter und schneller. Die Theorien dieser Chicagoer Schule des Neoliberalismus sind in der praktischen Anwendung gegen die Weiterentwicklung des Lebens über den materiellen Wert hinaus gerichtet. Sie stehen im Widerspruch zur Evolution. Je eher sie als solche, wie von Professor Scherhorn, erkannt werden, umso geringer wird der Schaden für die Zukunft sein.

Hermann Knoflacher

Gerhard Scherhorn
Geld soll dienen, nicht herrschen
Die aufhaltsame Expansion des Finanzkapitals

Vorwort: Eine schädliche Verwechslung

Seit der Liberalisierung des Kapitalverkehrs ist das Finanzkapital im Begriff, unsere Zukunft zu verspielen, denn es verhindert die nachhaltige Entwicklung. Ob sich das nach der Finanzkrise der Jahre 2007–2009 ändern wird, ist noch nicht gewiss. Zwar hat die Politik energische Konsequenzen angekündigt; aber der Glaube an die Selbstregulierung der Märkte, der zu dem Desaster geführt hat, ist tief in Interessen verwurzelt, und so besteht die Gefahr, dass es beim Kurieren von Symptomen bleibt.

Nicht geringer ist die Gefahr, dass die Krise nicht der Selbstregulierung angelastet wird, sondern dem Marktprinzip selbst. Die Liberalisierung der Finanzmärkte entsprach gerade nicht dem marktwirtschaftlichen Prinzip, denn dann wären die weggefallenen nationalen Kontrollen durch internationale ersetzt worden; sie entsprach kapitalistischen Interessen. Wir dürfen den Kapitalismus nicht länger mit der Marktwirtschaft verwechseln. Marktwirtschaft kann Wohlstand für alle schaffen; Kapitalismus kann das nicht, solange er auf dem Vorrang der Kapitalakkumulation besteht, denn der bereichert einseitig die oberen Einkommensschichten und zerstört den gesellschaftlichen Zusammenhalt. Marktwirtschaft ist eine auf freiem Marktzugang angelegte Wettbewerbsordnung, die überhöhte Gewinne reduziert, wenn der Staat die Marktregeln so setzt, dass sie Freiheit *von* Marktmacht gewährleisten. Das hat er viel zu wenig getan, eben weil er Marktwirtschaft und Kapitalismus gleichsetzte. Kapitalismus ist aber auf die Freiheit zu hohen Kapitalrenditen, auf die Freiheit zu Monopolgewinnen und damit auf die Freiheit *zur* Marktmacht angelegt.[1] Für diese Freiheit hat die Politik, allen voran die in den USA und England, in den letzten drei Jahrzehnten reichlich gesorgt. Sie hat die Bedingungen dafür geschaffen, dass überhöhte Kapitalrenditen auf Kosten der anderen Produktivkräfte zustande kommen konnten, auf Kosten von Arbeit, Natur, Gesellschaft, und damit auf Kosten der nachhaltigen Entwicklung. Das Ergebnis ist die Finanzkrise; sie beweist, dass der Kapitalismus in seiner gegenwärtigen Form nicht zukunftsfähig ist. Aber er hatte schon viele Gesichter, im 20. Jahrhundert hat er sich unter dem Druck der Politik einige Jahrzehnte lang der Marktwirtschaft angepasst, und das sollte auch jetzt, diesmal aber auf Dauer, erreichbar sein.

Zugleich muss die Marktwirtschaft nachjustiert werden, soweit es die allgemeine Neigung betrifft, Kosten auf die natürliche und die soziale Mitwelt abzuwälzen (zu »externalisieren«). Damit die Märkte zukunftsfähig werden, darf der Schutz des freien Wettbewerbs nicht länger für externalisierende Wettbewerbshandlungen gelten, sondern nur noch für nachhaltigkeitskonforme. Die Verwirklichung dieses Prinzips wird die marktwirtschaftliche Ordnung konsequent weiterentwickeln, indem sie die Sozialbindung des Privateigentums auf das Kapital und besonders das Finanzkapital ausdehnt. Wir müssen dem Kapital eine Rolle zuteilen, die vereinbar ist mit einer Gleichordnung der Produktivkräfte, mit einem Energie- und Rohstoffverbrauch in den Grenzen der Sonneneinstrahlung und des industriellen Stoffwechsels, mit einer Kultivierung der natürlichen und sozialen Mitwelt, mit einer demokratischen Verteilung der Einkommen und mit einer Unabhängigkeit der Demokratie von der Wirtschaft.

Aussichtslos erscheint das nicht. Man muss sich vor Augen führen, dass die Liberalisierung der Finanzmärkte schon ihr eigenes Ziel, erst recht aber die Bedingungen für nachhaltige Entwicklung verfehlt hat. Sie hat im Gegenteil eine Instabilität verursacht, die nun zusehends Furcht und Widerstand hervorruft. Darin liegt eine Chance zur Revision der Prämissen – zunächst im Denken, dann im Handeln. Diese Revision ist möglich: Das kapitalistische Weltsystem muss sich wandeln, da es für seine weitere Ausbreitung keine weißen Flecken mehr findet und seine inneren Widersprüche immer stärker zutage treten. Setzen wir ihm also solche Grenzen und Ziele, dass es künftig nicht mehr *gegen* die nachhaltige Entwicklung arbeitet, sondern *für* sie.

Sicher muss in der aktuellen Krise das Bemühen im Vordergrund stehen, die Volkswirtschaften vor dem Zusammenbruch der Finanzmärkte und dem Niedergang der Realwirtschaft zu bewahren. Unter den gegebenen Bedingungen gibt es dafür nur eine Lösung: Der Staat muss einspringen. Er hat die Bedingungen geschaffen oder geduldet, die das »Pyramidenspiel«[2] auf den Finanzmärkten ermöglicht haben, er muss auch dafür einstehen, dass die gesellschaftlichen Verluste gering bleiben und die Wirtschaft sich schnell wieder erholen kann. Aber es sollte das letzte Mal sein, dass ihm – und damit dem Steuerzahler – nur diese Wahl bleibt. Es *kann* das letzte Mal sein, wenn wir uns klarmachen, dass die Ursache des Debakels in der mangelnden Sozialbindung des Finanzkapitals liegt, und wenn wir auch in und nach der Krise noch darauf bestehen, dass diese Ursache beseitigt wird. Nur dann wird der Kapitalismus menschliche Züge annehmen. Was dazu nötig ist, das ist das Thema dieses Buches.

1. Die unvollständige Sozialbindung des Eigentums
1.1 Unzeitgemäß: Der Primat des Kapitals

Angefangen hat die Besinnung auf Nachhaltigkeit 1962 mit Rachel Carsons Buch »Stummer Frühling«.[3] Das Buch lenkte die Aufmerksamkeit der Öffentlichkeit auf das von Industrie und Landwirtschaft verursachte Artensterben und damit generell auf den Substanzverzehr, von dem das industrielle Wirtschaften lebt. An diesem selbst hat es allerdings kaum etwas ändern können. 1988 beschrieb James Lovelock, wie die Vernichtung des natürlichen Lebens unverändert weiterging,[4] und 2008 wurde auf der Artenschutz-Konferenz der UN in Bonn bestätigt, dass sich das Tempo des Artensterbens noch immer nicht verlangsamt. Der Aufruf zu nachhaltiger Entwicklung durch die Brundtland-Kommission 1992 und die Weltkonferenz von Rio haben das Umweltbewusstsein gestärkt, aber im Handeln wenig bewirkt. Das zeigt sich auch am Klimawandel: Noch reichen die getroffenen Maßnahmen bei Weitem nicht aus, die Emission klimaschädlicher Stoffe so wirksam zu verringern, dass die laufende Erhöhung der Durchschnittstemperatur auf einem noch halbwegs beherrschbaren Niveau haltmachen kann.

Woran das liegt, kann in diesen Tagen jeder ständig selbst erleben. Die öffentliche Einstellung zur Nachhaltigkeit bewegt sich entlang von zwei Linien, oft sogar innerhalb derselben Person: Die eine nimmt die Notwendigkeit nachhaltiger Entwicklung wahr und versucht sich auf diese einzustellen; die andere leistet ihr vielleicht Lippendienste, hängt aber an dem überkommenen Muster des Wirtschaftshandelns fest, das den stummen Frühling und den Klimawandel hervorgebracht hat. Dieses Muster wird von einer historisch weit zurückliegenden Entscheidung aufrechterhalten, die sich heute mehr und mehr als unzeitgemäß erweist: Das Privateigentum an den eingebrachten Sach- und Geldmitteln, am Kapital, trat gleichsam die Nachfolge der Aristokratie an,[5] indem es vor den anderen Produktivkräften Arbeit, Natur und Gesellschaft den Vorrang (»Primat«) erhielt.

- Die Arbeitnehmer haben zwar das Recht auf Vergütung ihrer Arbeitsleistung, sogar auf besondere Vergütung für Erfindungen, die sie in der bezahlten Arbeitszeit gemacht haben. Doch die Produkte ihrer laufenden Arbeit gehören ausschließlich den Eigentümern des Unternehmens, weil sie mithilfe der Gebäude, Maschinen und Werkzeuge produziert werden, die im Ursprung der Firma einstmals von den Kapitaleignern finanziert worden sind. Diese haben zwar genau genommen nur Geld, also *Finanzkapital* eingebracht, mit dem die Produktionsmittel gekauft und die laufenden Betriebskosten vorfinanziert worden sind. Doch dadurch sind die Produktionsmittel, das *Wirtschaftskapital*, in ihr Eigentum übergegangen. Dass sie inzwischen mit und von den Arbeitnehmern erneuert und erweitert wurden, hält man durch deren Entlohnung für abgegolten. Und das Eigentum am Unternehmen verleiht den Eigentümern und dem von ihnen eingesetzten Management auch das Recht, mit den Arbeitnehmern nach Belieben zu verfahren, etwa sie monotonen und fremdbestimmten Arbeitsbedingungen auszusetzen, die eine hohe Morbidität und Mortalität verursachen,[6] auch wenn dieses Recht bereits durch einige spezielle Vorschriften z.B. über die Arbeitssicherheit eingeschränkt ist.

- Analog dazu hat die Natur, genauer die natürliche Mitwelt,[7] kein eigenes Recht etwa auf Kultivierung oder wenigstens Schonung und Wiederherstellung der vom Menschen genutzten Naturgüter. Zwar werden von Fall zu Fall Vorschriften über den Umgang mit Abfall und Abwasser, den Schutz von Tier- oder Pflanzenarten oder Ökosystemen, die Beschaffenheit von Arbeits- oder Nahrungsmitteln erlassen, die den beliebigen Umgang mit dem privaten Eigentum einschränken; darüber hinaus aber dürfen das Klima, die Artenvielfalt usw. ohne Wiederherstellung oder Ersatzbeschaffung verbraucht, d.h. durch Übernutzung vermindert werden. Wer das Privateigentum an den Ressourcen oder auch nur an den Werk- und Fahrzeugen zu ihrer Nutzung besitzt, letztlich also am Kapital, kann mit der natürlichen Mitwelt nach Belieben verfahren.

- Das gilt auch für die soziale Mitwelt, die das Unternehmen umgibt,[8] für Mitmenschen, Gruppen, Organisationen und Institutionen, für Regierungen und die von diesen geschaffene und unterhaltene materielle und kulturelle Infrastruktur wie das Verkehrsnetz und das Bildungswesen, und für die Gesellschaft im Ganzen. Ähnlich wie auf die natürliche wirkt sich das wirtschaftliche Handeln auch auf die soziale Mitwelt positiv als Externalisierung (Weitergabe) von *Nutzen* aus, oder negativ als Externalisierung (Abwälzung) von *Kosten*. Mit einigen Ausnahmen ist der Eigentümer weder verpflichtet, Nutzen an die soziale Mitwelt weiterzugeben (z. B. durch Aus- und Weiterbildung von Arbeitnehmern, die ja letztlich der gesamten Gesellschaft zugutekommt), noch daran gehindert, Kosten auf sie abzuwälzen (z. B. durch gesundheits- bzw. klimaschädliche Emissionen, durch ersatzlose Extraktion knapper Ressourcen oder durch Zerstörung von Ökosystemen).

Immerhin gibt es Ausnahmen, und ihre Zahl nimmt in dem Maße zu, in dem erkannt wird, dass der beliebige Gebrauch des Eigentums sozial- und umweltschädlich ist. Sie beruhen auf der fortschrittlichen Erkenntnis, dass die natürliche und die soziale Mitwelt weitgehend aus Gemeingütern bestehen, deren Nutzung allen zusteht, bis hin zu den künftigen Generationen. Das deutsche Grundgesetz hat diese Erkenntnis als »Sozialbindung des Eigentums« in Artikel 14 Absatz 2 festgeschrieben: »Eigentum verpflichtet. Sein Gebrauch soll zugleich dem Wohle der Allgemeinheit dienen.« Der Artikel bindet nicht den einzelnen Bürger, er ist eine Einladung an den Gesetzgeber, die Sozialpflichtigkeit in den verschiedenen Lebensbereichen zu definieren. Der Gesetzgeber ist dieser Aufforderung in manchen Bereichen bereits gefolgt, in denen der uneingeschränkte Gebrauch des Eigentumsrechts sich in sozialer oder ökologischer Hinsicht als nicht mehr zeitgemäß erwies. So hat er im Mietrecht und im Arbeitsrecht, im Verbraucherschutz und bei der Mitbestimmung der Arbeitnehmer, im Natur- und Umweltschutz den beliebigen Gebrauch des Kapitaleigentums punktuell eingeschränkt.

1.2 Katastrophal:
Die Unverantwortlichkeit des Finanzkapitals

Außerhalb der Ausnahmen gilt uneingeschränkt die Eigentumsgarantie des § 903 BGB: Der Eigentümer kann mit seiner Sache so verfahren, wie es ihm beliebt, und dabei andere von jeder Einwirkung ausschließen. Er kann klimaschädliche Gase emittieren, weil das Kosten spart, kann das Grundwasser mit Pflanzenschutzmitteln vergiften, weil das die Ernte erhöht, kann neue Kohlekraftwerke planen, weil ihm das zurzeit noch mehr Gewinn bringt als Solarkraftwerke, kann eigene Kosten auf andere Menschen, Gruppen oder Regionen abwälzen, fossile Energieträger und naturgegebene Rohstoffe ohne Rücksicht auf kommende Generationen aufbrauchen, Investitionen in gesundheitsfördernde Arbeitsbedingungen unterlassen u. v. m.

Mit anderen Worten: Von Ausnahmen abgesehen, steht es dem Kapitaleigner frei, sein Vermögen auch dann zu mehren, wenn das auf Kosten der Mitarbeiter oder der natürlichen und sozialen Mitwelt geht. Und das umso mehr, je weniger die negativen Auswirkungen erkennbar sind – also *erst recht für das Finanzkapital,* denn das ist ein abstraktes Kapitaleigentum in der Form von verbrieften oder unverbrieften Ansprüchen auf Geld. Sein Geld kann jeder möglichst ertragreich anlegen, gleichgültig ob die Firma, deren Aktien er hält, trotz guten Geschäftsgangs Arbeitnehmer entlässt, um den Gewinn zu steigern, oder ob der Staat, dessen

Anleihen er kauft, den Raubbau an Regenwäldern zulässt. Das ist den Wertpapieren nicht anzusehen, und man muss nicht danach fragen.

Das unmittelbare, konkret erlebte Eigentum an Realkapital – an Grundstücken, Gewässern, Anlagen, Maschinen, Werkzeugen – mag dem Kapitaleigner eine freiwillig übernommene Verantwortung für die arbeitenden Menschen und vielleicht auch für manche benutzte Naturgüter nahelegen, wie man es etwa vom patriarchalischen Unternehmer kennt. Bei ihm sind Finanz- und Realkapital identisch. Beim reinen Finanzkapital jedoch, dem abstrakten Besitz von Schuldverschreibungen, fehlt das konkrete Erleben und Betroffensein, die erlebte Verbindung mit den realen Produktivkräften. Das Finanzkapital ist dadurch von moralischer Verantwortung abgeschnitten, es vermittelt keine persönliche Kenntnis und keine eigene Mitwirkung, und dieses Manko wird durch Vorschriften nicht ausgeglichen. Wenn Aktionäre, Kreditgeber oder Käufer von Investmentzertifikaten sich für das Handeln des Unternehmens verantwortlich fühlen, ist das ihre Privatsache und vorerst noch relativ selten. Die herrschende Auffassung ist vielmehr,

- das Finanzkapital habe nur eine Funktion, nämlich seine eigene Vermehrung zu bewirken und zu sichern;
- und diese Vermehrung müsse der Zinseszinslogik folgen, die vorschreibt, dass ein Geldvermögen mit mindestens gleichbleibender Verzinsung wächst, also exponentiell.[9]
- Das ist mit ökologischen und sozialen Rücksichten nicht zu vereinbaren, doch weil die Vermehrung des Kapitals Vorrang genießt, hat das Finanzkapital de facto das *Privileg*, frei von Verantwortung für die

natürliche und soziale Mitwelt zu sein, kurz: die Sozialbindung des Eigentums gilt nicht für das Finanzkapital.

Dieses Privileg wirkt sich heute unheilvoll aus, weil es auf dem Rücken der natürlichen und sozialen Mitwelt ausgeübt wird. Exponentielle Kapitalvermehrung ist bei den heutigen Größenordnungen nur auf Kosten der Mitwelt möglich. Je rigoroser der Primat des Kapitals vom Finanzkapital eingefordert und durchgesetzt wird, desto mehr muss er sich in Substanzverzehr am Naturkapital auswirken, in Klimawandel und Artenschwund, und nicht minder in der Auszehrung des Sozialkapitals, wie sie etwa aus der extremen Bereicherung der oberen und Verarmung der unteren Einkommensschichten entsteht.

2. Ungeordnete Verhältnisse
2.1 Wie die Finanzmärkte funktionieren ...

Um diese Erkenntnis geht es in diesem Buch: Der Vorrang des Kapitals und die Privilegierung des Finanzkapitals verhindern die nachhaltige Entwicklung. Es ist lebenswichtig, dass wir das begreifen. Wichtig nicht erst für spätere Generationen, wichtig auch für die Lebenden. Schon sie bekommen das Ausbleiben der nachhaltigen Entwicklung immer schmerzhafter zu spüren.

Dieses Buch handelt überwiegend vom Finanzkapital, weil das Finanzkapital seit den 1980er Jahren am Schalthebel der wirtschaftlichen Macht sitzt, und weil in den Industrieländern, für die es geschrieben wird, praktisch jeder Mensch am Finanzkapital teilhat und vom Finanzkapital betroffen ist, denn Anteil an ihm haben auch jene, die nur ein Sparkonto oder eine Lebens- oder Rentenversicherung besitzen, und betroffen von seinen Wirkungen sind auch jene, die unter der Naturzerstörung, der Auszehrung der mittleren und unteren Einkommen und der Arbeitslosigkeit leiden. *Für alle* ist es lebenswichtig, welche Rolle das Finanzkapital für die nachhaltige Entwicklung spielt – ob es sie verhindert wie bisher, oder ob es dazu gebracht werden kann, sie zu akzeptieren und zu unterstützen.

In Ansätzen wird das auch bereits erkannt. Die spekulativen Umtriebe der Hedgefonds, die feindlichen und bisweilen tödlichen Firmenübernahmen durch Private-Equity-Gesellschaften und zuletzt die von den USA ausgehende Immobilienkrise haben viel dazu beigetragen, dass sich heute mehr Menschen von den Vorgängen auf den Finanzmärkten beunruhigt fühlen als noch vor zwanzig Jahren. Viele Menschen haben das unbehagliche Gefühl, sie sollten eigentlich genauer wissen, was dort vorgeht. Sie haben in beidem Recht, im Informationsbedarf ebenso wie im Unbehagen, denn leicht ist es nicht, die verschlungenen Pfade und verschachtelten Konstruktionen des Finanzkapitals zu überblicken. Auch die folgende Erläuterung kann nur einen summarischen Überblick vermitteln. Wer sich den Durchblick erarbeiten will, dem seien Dirk Soltes »Einblicke in den ›Heiligen Gral‹ der Globalisierung« empfohlen.[10] Für das Verständnis des vorliegenden Buches sollten die folgenden kursorischen Hinweise aber ausreichen.

- *Finanzkapital* besteht aus dem Geld und den Geldsurrogaten auf den Konten und in den Depots von Privatpersonen, Banken und Fonds, Unternehmen und staatlichen Stellen. *Geld* besteht aus den von den

Zentralbanken ausgegebenen Zahlungsmitteln, Zentralbankgeld genannt, und den von den Banken ausgegebenen Zahlungsmitteln, dem Buch- oder Giralgeld, das entsteht, wenn eine Bank einen Kredit gewährt. *Geldsurrogate* sind die Schuldverschreibungen, die auf den Finanzmärkten in immer neuen Varianten geschaffen werden. Sie werden irreführend auch »verbriefte Sicherheiten« (securities) genannt: Verbrieft sind sie zwar, weil sie Vertragscharakter haben; »gesichert« vor Entwertung und Verlust der investierten Finanzmittel aber sind sie noch weniger als das Geld selbst. Im Gegenteil: Zum größten Teil sind sie hochspekulativ. Und wohlgemerkt: Sie sind, wie alles Geld, Schulden – also nicht etwa Anweisungen auf reale Vermögenswerte. Die Beziehung zwischen dem Finanzkapital und den realen Werten besteht allein darin, dass man mit Geld und Geldsurrogaten Eigentum an kaufbaren Gütern erwerben kann, vom Konsumgut bis zum ganzen Unternehmen, vom Grundstück bis zum Verwertungsrecht an Pflanzen und Tieren.

- *Finanzmärkte* sind in erster Linie die Börsen für Geldgeschäfte, also Wertpapier- und Devisenbörsen, doch werden Schuldverschreibungen in großem Umfang auch auf Warenterminbörsen gehandelt. Börsen gibt es mittlerweile auch im Internet, doch die bedeutendsten sind nach wie vor an konkreten Orten wie New York, London, Tokio, Frankfurt und Hongkong angesiedelt. Daneben werden Finanzprodukte auch »over the counter« gehandelt, also ohne Vermittlung von Börsenmaklern direkt zwischen zwei Banken oder einer Bank und einer Investmentgesellschaft o. ä. Gehandelt werden Wertpapiere (Aktien, Anleihen), Devisen und heute vor allem Derivate, das sind Wetten auf die künftige Entwicklung z. B. von Krediten, Warenpreisen, Börsenkursen oder auch anderen Derivaten. Nicht zuletzt muss man auch die Private-Equity-Geschäfte zum Finanzhandel rechnen, also den Kauf und Verkauf von Unternehmen und Unternehmensteilen, der überwiegend mit Krediten finanziert wird.

Die Finanzmärkte bilden eine dritte Klasse von Märkten neben den Realmärkten für Sachwerte (Grundstücke, Immobilien, Industrieanlagen, Förderrechte, Patente, Edelmetalle) und den Realmärkten für Sachgüter und Dienstleistungen. Sachwerte sind am wenigsten vermehrbar; die Produktion von Gütern und Dienstleistungen – das Sozialprodukt – kann allenfalls um einige Prozent pro Jahr wachsen; die Finanzmärkte dagegen sind inzwischen so eingerichtet, dass sie eine fast beliebige Vermehrung von Giralgeld und Geldsurrogaten ermöglichen, anders ausgedrückt von Kreditverträgen und Schuldverschreibungen. Denn die Banken haben einen weiten Spielraum für die Gewährung von Krediten, sie müssen nur einen Bruchteil aller gewährten Kredite mit Eigenkapital »unterlegen«, und vollends im Bereich des Devisen- und Derivatehandels ist die Verbreitung von Schuldverschreibungen allein vom Vertrauen derer abhängig, die sie akzeptieren.

2.2 ... und wie sie missbraucht werden

Das lässt sich nicht prinzipiell ändern, denn schon der Wert des Zentralbankgeldes beruht auf Vertrauen; die Zentralbanken verspielen das Vertrauen, wenn sie so viel Geld in Umlauf bringen, dass es weniger wert wird.

Ebenso beruht der Wert des von den Banken durch Kreditvergabe geschaffenen Giralgeldes auf dem Vertrauen in die Zahlungsfähigkeit der Banken; je weniger Eigenkapital hinter der Kreditsumme steht, desto weniger gesichert ist dieses Vertrauen. Erst recht beruht der Wert der Geldsurrogate auf dem Vertrauen der Käufer, dass das Verlustrisiko von der Gewinnaussicht übertroffen wird. Deshalb können die Finanzmärkte ihre Funktionen nur erfüllen, wenn das Vertrauen nicht missbraucht wird. Sie dienen nicht nur ihren Akteuren, sie dienen der Gesellschaft im Ganzen, sie sind *Gemeingüter*. Das kommt in ihren Funktionen zum Ausdruck:

• Zum einen sollen sie reale Investitionen ermöglichen, indem sie zwischen kapitalsuchenden Investoren und anlagebereiten Eigen- oder Fremdkapitalgebern vermitteln und dabei das Anlagekapital in die bestmöglichen Verwendungen lenken *(Allokation)*.

• Zum anderen sollen sie das Risiko von Gewinneinbrüchen vermindern, indem sie eine Spekulation auf künftige Erlöse ermöglichen *(Absicherung)*. Wer z. B. eine Preissenkung fürchtet, verkauft seine künftige Produktion schon jetzt an einen anderen, der auf eine Preissteigerung setzt; wer der künftigen Liquidität eines Kreditnehmers misstraut, versucht den Kreditvertrag mit Abschlag weiterzuverkaufen, was freilich schon an sich etwas Anrüchiges hat.

Beiden Funktionen wohnt naturgemäß ein spekulatives Element inne, denn die produktive Verwendung kann gewinnbringender oder verlustreicher sein, als der Investor erhofft hat, und die Absicherung gegen einen Verlust kann den Risikoausgleich verfehlen oder über ihn hinaus ertragreich sein. An der Spekulation soll verdient werden, aber der Verdienst darf nicht aus einem

Missbrauch des Vertrauens resultieren, sonst hebelt er die Funktion aus. Der Missbrauch ist nur durch Transparenz und Kontrolle auszuschließen, damit die Risiken beherrschbar bleiben. Wenn es also an Transparenz und Kontrolle fehlt, können einzelne Akteure die Leistungskraft der Finanzmärkte auf ihre eigenen Mühlen lenken.

So wird die *Allokationsfunktion* verfälscht, wenn die »bestmögliche Verwendung« des Kapitals allein an der privatwirtschaftlichen Profitabilität gemessen und nicht auch auf die Natur- und Sozialverträglichkeit der Investition eine den Wertmaßstäben der Zeit gemäße Rücksicht genommen wird. Die heutigen Maßstäbe werden mehr und mehr durch das Nachhaltigkeitsziel definiert, aber da dieses sich erst entwickelt und nicht allgemein durchgesetzt ist, können Kapitalanleger sich einstweilen noch auf der sicheren Seite fühlen, wenn sie Unternehmen bevorzugen, die Kosten auf die Allgemeinheit abwälzen und dadurch ihren privaten Gewinn erhöhen. Unter dem Nachhaltigkeitsziel verfälschen alle drei Formen der Externalisierung von Kosten die Allokation:

* Der *natürlichen* Mitwelt werden durch Raubbau an naturgegebenen Ressourcen, durch Emission von Schadstoffen und Übernutzung von Ökosystemen Aufwendungen vorenthalten, die man ihr zur Erhaltung ihrer Produktivkraft schuldig wäre – d. h. es werden ihr Lasten aufgebürdet, die man selbst tragen müsste. Die Öffentlichkeit und die Kunden erfahren davon nichts oder lassen sich durch die anderweitigen Leistungen der Firma ablenken.
* Der sozialen Mitwelt werden Aufwendungen vorenthalten, die ihrer Funktionsfähigkeit zugutekämen

und von den Abwälzenden getragen werden müssten. Die Gesundheit der Mitarbeiter z. B. leidet unter schädigenden Arbeitsbedingungen, die Lebenswelt Heranwachsender z. B. unter dem Fehlen von Betriebskindergärten, die Bildungschancen z. B. durch nicht angebotene Aus- und Weiterbildung, die gesellschaftliche Integration z. B. dadurch, dass Männern Teilzeitarbeit oder Mitarbeitern ausländischer Herkunft Integration erschwert wird. Solche Belastungen werden der sozialen Mitwelt auferlegt, indem man die zu ihrer Vermeidung nötigen Aufwendungen unterlässt.

• Nicht minder missbräuchlich sind die vielfältigen Anstrengungen, den Beitrag des Kapitals zur öffentlichen Finanzierung von Infrastruktur, Kultur und sozialer Sicherheit zu senken. Das geschieht zum einen durch Erpressung der Regierungen, die in einen Standortwettbewerb um Investoren und Arbeitsplätze gedrängt und zum Verzicht auf die oberen Stufen der Steuerprogression gezwungen werden, und zum anderen durch »innovative Finanzprodukte«, mit deren Hilfe Unternehmen ihre Gewinne vor Steuern reduzieren, indem sie sie z. B. in Zinsen für Fremdkapital oder auch in steuerfreie Zinseinnahmen »umqualifizieren«.[11] Auf beiden Wegen werden die Staatseinnahmen verringert und die Staaten gezwungen, entweder die öffentlichen Aufgaben zu vernachlässigen oder die Staatsverschuldung zu erhöhen.

In solchen Fällen verdient das Finanzkapital an einer Fehlleitung (Fehlallokation) von Investitionen, denn es profitiert von einem Substanzverzehr am Natur- und Sozialkapital, der dem sich herausbildenden Ziel der nachhaltigen Entwicklung entgegengesetzt ist. Der

Substanzverzehr an der natürlichen und der sozialen Mitwelt findet zwar auf den realen Märkten statt (Abschnitt 4.1) und muss dort durch geeignete Regulierung unterbunden werden (5.2), er wird aber von den Finanzmärkten verursacht oder verstärkt und muss folglich auch hier verhindert werden (5.3). Analog muss man die Vereinnahmung (»Monopolisierung«) von Gemeingut-Erträgen beurteilen, die in Abschnitt 4.3 ausführlich behandelt wird.

Der Missbrauch der *Absicherungsfunktion* dagegen findet allein auf den Finanzmärkten statt. Er besteht darin, dass die Marktteilnehmer daran gehindert werden, zwischen dem Zins (dem Preis des intertemporalen Werttransfers) und dem Risikoentgelt (dem Preis der Unsicherheit über die Wertentwicklung) zu unterscheiden. Der für ein Finanzprodukt gezahlte Preis schließt dann ununterscheidbar beide Preise ein, sodass ihm stillschweigend zweifelhafte Kreditrisiken untergeschoben werden können.[12]

Ein massiver Missbrauch beider Funktionen schlägt sich in überhöhten Gewinnen und Wertsteigerungen nieder und bewirkt eine verstärkte Ungleichverteilung der Vermögen und Einkommen und damit zugleich die besondere Form der Inflation, mit der wir es heute zu tun haben, die *Vermögensinflation*. Sie zeigt sich im übermäßigen Anstieg der Kurse von Vermögenswerten wie Aktien, Investmentfonds, Anleihen, Sachwerten; und da sie nicht wie die Standardinflation durch Vermehrung von Zentralbankgeld, sondern durch ein Übermaß an kreditfinanzierten Finanzprodukten verursacht wird, endet sie in einem Zusammenbruch der Bankenliquidität, der auch die Realwirtschaft in eine Rezession treibt.

3. Die Entfesselung des Finanzkapitals seit 1980

3.1 Restauration im Zeichen der Marktfreiheit

Die Liberalisierung des Kapitalverkehrs hat den Missbrauch erst richtig in Gang gebracht.[13] Seit den 1980er Jahren wurde ausgehend von England und den USA der internationale Kapitalverkehr liberalisiert, die nationale Kontrolle der Anlageprodukte und der Finanzmarktakteure – der Banken, Investmentbanken, Pensionsfonds, Investmentfonds, Hedgefonds, Private-Equity-Fonds – wurde geschwächt und entfiel zum Teil ganz. Veräußerungsgewinne wurden steuerbefreit, der Spielraum für Aktienrückkauf und variable Managervergütungen wurde erweitert, Mehrfach- und Höchststimmrechte wurden abgeschafft. Finanzmarktakteure verlegten ihren Sitz zunehmend *offshore*, wo sie keinen Genehmigungs- oder Transparenzpflichten, keinen Vorschriften über Eigenkapitaldeckung oder maximal zulässige Risiken unterliegen. Die Aufteilung des Kreditgeschäfts und des Investment Banking auf verschiedene Bankformen wurde aufgehoben. Investmentbanken konnten dadurch auf beiden Seiten des Marktes zugleich agieren und Insiderwissen über die Akteure beider Seiten sammeln, das ihnen einen nie da gewesenen Machtvorsprung gab.[14] Banken können Geschäfte auf Tochtergesellschaften auslagern, sodass sie außerhalb ihrer Bilanz *(off balance)* und der für sie geltenden Restriktionen bleiben. Ihre Kreditgewährung an Hedgefonds und Private-Equity-Fonds unterliegt keiner Beschränkung, obwohl sie diesen einen machtvollen Hebel verleiht, mit wenig Eigenkapital riesige spekulative Transaktionen zu tätigen. Das Geldschöpfungspotenzial der Banken wurde bedeutend erweitert; so brauchen sie Kredite an erstklassige Staaten überhaupt nicht mit Eigenkapital zu unterlegen. Schuldverschreibungen, die nicht direkt der Öffentlichkeit angeboten werden, müssen nicht registriert werden. Zinszahlungen an Fremdkapitalgeber auf steuergünstigen Standorten sind nahezu steuerfrei. Steuerpflichtige Gewinne können legal in steuerfreie Schuldverschreibungen »umqualifiziert« werden. Im Verein mit modernen Informations- und Kommunikationstechnologien hat die Liberalisierung eine Vielzahl von privaten Geldsurrogaten hervorgebracht, die praktisch die gleiche Liquidität besitzen wie die gesetzlichen Zahlungsmittel. Alles in allem ist heute der Geldschöpfungsspielraum der Finanzmärkte so gut wie unbegrenzt.[15]

Rückblickend ist gut zu erkennen, dass die Liberalisierung des Kapitalverkehrs in Wahrheit die Funktion hatte, die frühere Machtposition der Wirtschaftsoligarchie zu restaurieren. Sie zielte im Kern darauf ab, das große Kapital von den Beschränkungen des »embedded liberalism« zu befreien, die von den 1930er bis in die 1970er Jahre hinein seine Macht begrenzt und vermindert hatten. Die Liberalisierung wurde von neoliberalen Ökonomen vorbereitet, aber von der Oligarchie gesteuert, der ökonomischen Elite, den oberen Zehntausend – die Begriffe sind austauschbar, solange man sie so versteht, dass sie nicht nur den alten Reichtum, sondern auch die neuen Reichen einbeziehen.[16]

- Für die politischen Täter, als erste Thatcher (ab 1979) und Reagan (ab 1980), ging es darum, die jahrelange Stagflation durch neue Wachstumsimpulse zu beenden und zu diesem Ziel die Macht der Gewerkschaften zu schwächen, die behäbigen nationalen Oligopole der Industrie und der Banken aufzumischen und die Produktivkraft der neuen Technologien, Produktionssysteme und Lieferketten zu fördern, deren Vertreter schon seit 1971 erreichten, dass veraltete Restriktionen im Transportwesen nach und nach »dereguliert« wurden.[17] Der Prozess der Deregulierung, der die Globalisierung ermöglichte, zog sich über drei Jahrzehnte hin; die Telekommunikation folgte erst 1996. Ab 1997 setzte Blair Thatchers Politik durch Einführung der »Public Private Partnership« fort.[18]

• Für die ökonomischen Vordenker Friedman und Hayek (ab 1947, der Gründung der Mont-Pélerin-Society) ging es um den Primat des Individuums über das Kollektiv und des Kapitals (das mit dem »Markt« gleichgesetzt wurde) über den Staat. Das Programm zur Herstellung des »freien Marktes«, von Milton Friedman 1962 in seinem Buch *Kapitalismus und Freiheit* formuliert, wurde in den USA mithilfe des Movement Conservatism[19] verbreitet und in vielen Teilen der Welt mit der »Schock-Strategie« durchgesetzt,[20] die nach Friedmans Entwurf[21] von den *think tanks* der Oligarchie entworfen und geplant worden ist.

Da der Neoliberalismus sich zur Durchsetzung seiner Ideen mit einer Geldaristokratie verbündete,[22] die die Herrschaft über Kapital und Arbeit als ihr angestammtes oder erworbenes, jedenfalls sakrosanktes Recht betrachtete[23] und bereit war, für dessen Verteidigung Geld und Organisation einzusetzen,[24] wurde von der angestrebten Liberalität nicht mehr verwirklicht als »die Fülle der Freiheit für jene, deren Einkommen, Muße und Sicherheit keiner Steigerung bedürfen«.[25] Die Zeitgenossen mögen das anders gesehen haben, für viele von ihnen war die Liberalisierung des Kapitalverkehrs nur ein wenig beachtetes Glied in einer Kette von Maßnahmen, die der Deregulierung überholter Kontrollstrukturen dienten.[26]

Dass die Kapitalmarktakteure kräftig profitieren würden, war der in Kauf genommene Preis für die erhoffte Intensivierung des Wettbewerbs auf den realen Märkten, von dem man ja hofft, dass er die Anfangsgewinne immer wieder reduziert. Doch was tatsächlich geschah, hat die Finanzmärkte von notwendigen Kontrollen und die hohen Einkommen von der Verantwortung für das Gemeinwohl befreit. Der resultierende Finanzkapitalzuwachs ist zum größten Teil bei den »ca. 8,7 Millionen reichsten Bürgern der Welt gelandet«.[27] Die Nettoeinkünfte des reichsten Prozent in den USA waren in den 1930er bis 1950er Jahren durch hohe Spitzensteuersätze etwa halbiert worden; infolge der neoliberalen Wende haben sie 2005 wieder den gleich hohen Anteil am Volkseinkommen erreicht wie in den 1920er Jahren.[28] Dagegen hat sich von 1970 bis 2000 die Relation der Einkommen von Lohnarbeitern und Unternehmenschefs von 1:30 auf 1:500 erhöht.[29] Und diese Entwicklung war keineswegs auf die USA beschränkt:

»In Großbritannien konnte das oberste Hundertstel der Einkommensbezieher seinen Anteil am Nationaleinkommen seit 1982 von 6,5 auf 13 Prozent verdoppeln … In Russland hat sich im Gefolge der neoliberalen ›Schocktherapie‹ in den 1990er Jahren eine kleine mächtige Oligarchie herangebildet. Und seitdem China seine Wirtschaftspolitik an den Prinzipien des freien Marktes orientiert, haben sich die Einkommen und Vermögen extrem ungleich entwickelt. In Mexiko beförderte

die 1990 begonnene Privatisierungswelle einige wenige Individuen (wie den Unternehmer Carlos Slim) fast über Nacht auf die Fortune-Liste der 500 reichsten Menschen der Welt. Laut dem UN-Entwicklungsbericht ist in den Staaten Osteuropas und der GUS eine weltweit einmalige Zunahme der sozialen Ungleichheit zu verzeichnen. In den OECD-Staaten hat sich die Ungleichheit seit den 1980er Jahren ebenfalls enorm verstärkt.«[30]

Zugleich, so fährt Harvey fort, ist die Einkommenslücke zwischen dem Fünftel der Weltbevölkerung, das in den reichsten Ländern lebt, und dem Fünftel in den ärmsten Ländern gewaltig angewachsen. Heute beträgt die Relation zwischen beiden Gruppen 74:1, 1990 hatte sie noch bei 60:1 und 1960 bei 30:1 gelegen. Die neoliberale Strategie, kodifiziert im »Washington Consensus«,[31] hat sich »schlichtweg als die erfolgreichste Methode zur universalen und unbehinderten Ausbreitung der Macht von monopolistischen Konzernen« erwiesen.[32] Deren Interessen wurden nicht nur in den Protagonisten USA und UK selbst, sondern auch in deren Verhältnis zu den anderen Ländern gestärkt, die beispielsweise dazu angehalten wurden, Staatsunternehmen zu privatisieren und alle Barrieren abzuschaffen, die den Marktzugang für ausländisches Kapital behinderten.[33]

So wurden die Entwicklungsländer durch die Auflagen des Internationalen Währungsfonds und der Weltbank – beide waren 1982 auf einen neoliberalen Kurs getrimmt worden[34] – zur Marktöffnung gezwungen, zur Privatisierung von Gemeingütern, Kürzung von Sozialausgaben, Flexibilisierung der Arbeitsmärkte, Förderung der exportorientierten Landwirtschaft auf Kosten der heimischen Versorgung, Verschuldung bei amerikanischen Investmentbanken und staatlichem Einspringen bei privaten Rückzahlungsschwierigkeiten. Und die Industrieländer übernahmen mehr oder weniger bereitwillig die Freigabe des Handels mit Finanzdienstleistungen, d. h. den Verzicht auf Genehmigungspflichten und Qualitätskontrollen für neue Anlageprodukte, auf Transparenzvorschriften und Risikogrenzen für Akteure.

Gegen die Stagflation freilich hat die Strategie nur einige Jahre genützt. Seit 2007 macht sich schon wieder die Furcht vor einer neuen Stagflation breit. Für die Industrieländer wird es schwieriger, durch Import billig produzierter Waren die eigenen Preise niedrig zu halten. Und weil die Liberalisierung keine funktionsfähigen internationalen Kapitalmärkte hervorbrachte, sondern die nationalen Kapitalmärkte von Kontrollen befreite und die Finanzakteure in ungeahntem Ausmaß bereicherte, hat sich das Verhältnis zwischen Finanz- und Produktionskapital umgekehrt (3.2–3), der Substanzverzehr weiter gesteigert (4.1–2) und zusammen mit dem Druck auf die Löhne die Schere zwischen den oberen und den unteren Einkommen weit geöffnet (4.3–4).

3.2 Die Enthemmung des Finanzkapitals

Das hervorstechende Ergebnis war, dass sich von 1983 bis 2001 »der Tagesumsatz auf den internationalen Finanzmärkten von 2,3 Mrd. auf 130 Mrd. US-Dollar« erhöhte, auf mehr als das Fünfzigfache. Welch schier unglaubliches Ausmaß an Geldschöpfung dadurch entfesselt wurde, zeigt die folgende Zahl: 2001 wurden von den 130 Mrd. weniger als drei Mrd. US-Dollar gebraucht, »um den internationalen Handel und die weltweiten Investitionen in den produktiven Sektor abzuwickeln«.[35] Alles andere waren reine Finanztransaktionen, Spekulationen mit Devisen und Derivaten vor allem, Wetten auf die Zukunft also, in der Gegenwart aber überwiegend auf Kredit abgeschlossen. An diesen beteiligten sich die großen Unternehmen der produzierenden Wirtschaft ebenso wie die Kapitalmarktfonds, die Banken und die privaten Investoren. Neben die Gewinne aus der Produktion, und nicht selten an ihre Stelle, traten die Gewinne auf den Kapitalmärkten, und es entstand »eine eindeutige Machtverschiebung vom Produktions- zum Finanzsektor«.[36]

All das wurde durch eine Befreiung des Finanzkapitals von bewährten Regeln und Kontrollen bewirkt. Man nahm keine Rücksicht auf die doch längst gesicherte Erfahrung, dass freier Wettbewerb seine positiven Wirkungen nur entfalten kann, wenn er vor Missbrauch geschützt wird. Sind die Anbieter von Finanzdienstleistungen nicht verpflichtet, Transparenz über Qualitäten und Risiken herzustellen, so lädt das zum Missbrauch ein: Die ohnehin meist schlechter informierten Nachfrager werden übervorteilt, weil z. B. die Risiken verschleiert werden, die in einem Kreditderivat gebündelt sind.

Dass niemand an diese Gefahr gedacht hat, ist allzu unwahrscheinlich; man hat sie in Kauf genommen. Die liberalen Grundsätze sind »immer dann, wenn sie mit dem Bestreben kollidierten, die Macht der Eliten wiederherzustellen oder abzusichern, entweder aufgegeben oder bis zur Unkenntlichkeit verzerrt« worden.[37] Dass das keinen Widerstand der liberalen Vordenker hervorrief, muss nicht verwundern. Es wäre nicht das erste Mal in der Geschichte des Kapitalismus, dass politische Entscheidungen deshalb geschehen, »weil man mit Überzeugung und Gewissheit bestimmte Wirkungen von ihnen erwartet, die dann jedoch ganz und gar nicht eintreten«.[38]

Erwartet wurde die Herrschaft des Marktes, eingetreten ist die Vorherrschaft der Finanzmärkte. In den USA »stieg der Anteil der Finanzindustrie an allen Unternehmensgewinnen nach Steuern zwischen 1982 und 2007 von 5 auf 47 Prozent«.[39] Das klingt nach einem Fehlschlag, muss aber gar nicht so empfunden worden sein. Der Neoliberalismus Friedman'scher Prägung hat sich durch seine Fundamental-Opposition gegen Keynesianismus und New Deal in eine Verteidigung des Kapitalvorrangs hineingesteigert, die ihn an ein oligarchisches Verteilungsleitbild bindet. Die klassische Markttheorie hatte am Markt die den Gewinn eliminierende Funktion des Wettbewerbs betont, die dem Kapitaleigentum gleichsam ein gewisses Maß an Sozialbindung verlieh. Der Neoliberalismus dagegen erlässt, ja verweigert dem Kapital jede soziale Rücksichtnahme, er erlegt ihm allein die Pflicht auf, den Gewinn zu maximieren. Zu diesem Ziel verwehrt er dem Staat die soziale Umverteilung, will möglichst alle Gemeingüter, von der Altersvorsorge bis zur Wasserversorgung, privatisieren, wehrt sich gegen Regulierung des Wettbewerbs und sogar gegen Monopolkontrolle. Mit einem Wort: Er leugnet die Sozialbindung des Kapitaleigentums.

Tatsächlich hat sich eine Konzentration des Wettbewerbs auf Preissenkung und Renditesteigerung herausgebildet, die das Kapitaleigentum zwang, jeden Gedanken an Sozialpflichten aufzugeben. »So wie Wal-Mart seinen Zulieferern die Daumenschrauben ansetzte«, um die Verbraucherpreise zu senken, »übten die Manager der größten Renten- und Investmentfonds Druck auf die Unternehmen aus, höhere Gewinne zu erzielen«.[40] Aus den realen Märkten wurden Instrumente der Kapitalexpansion. So konnten »die illusionären Erwartungen«, die mit der Liberalisierung der Kapitalmärkte verbunden waren, noch bis zum Herbst 2008 dazu beitragen, »den Blick auf deren reale Folgen zu verstellen«.[41]

Bis zur Liberalisierung konnte man für wahr halten, dass das Finanzkapital in enger Beziehung zum realen Wirtschaftskapital steht, das unmittelbar der Produktion dient, und dass die Kapitalmärkte den realen Märkten dienen, indem sie die anlagesuchende Liquidität der kleinen Sparer und großen Investoren sammeln und möglichst optimal in reale Produktion transformieren. Inzwischen aber hat das Finanzkapital sich so weit verselbständigt, dass ein guter Teil seiner Expansion nicht mehr aus realer Produktion hervorgeht, sondern aus durch Geldschöpfung finanzierter Spekulation mit Devisen und Derivaten. Seit der Liberalisierung ist das Finanzkapital um so vieles größer geworden als die reale Produktion, dass diese zu seiner Verzinsung immer höhere Erträge abwerfen muss. Da das schwieriger wird, suchte das Finanzkapital »Gewinne jenseits der warenproduzierenden Sphäre zu realisieren, durch die Spekulation«,[42] und das allzu lange mit beträchtlichem Erfolg; die schier unbegrenzte Geldschöpfung hat's möglich gemacht.

3.3 Das Kapital kontrolliert den Wettbewerb

Dabei ist in Vergessenheit geraten, dass der Wettbewerb auf Märkten auch eine Verteilungsfunktion hat: Er kann im Sinn der Sozialbindung des Kapitals wirken, indem er die Einkommensunterschiede vermindert. Die klassische Ökonomik jedenfalls hat vom freien Wettbewerb erwartet, dass er die Anfangsgewinne reduziert. Das war das Faszinierende am klassischen Konzept des offenen Marktes mit vielen Akteuren, von denen keiner den Markt beherrscht. In diesem Konzept kontrolliert der Wettbewerb das Kapital,[43] indem er dessen Ertragsansprüche begrenzt. Die in der Entstehung begriffene Theorie der nachhaltigen Entwicklung führt diesen Gedanken sinngemäß fort, indem sie den Produktivkräften Arbeit, Kapital, Natur und Gesellschaft prinzipiell gleichrangige Ansprüche zuerkennt (5.1). Noch hat sie sich damit nicht durchgesetzt.

Denn im herrschenden ökonomischen Denken *kontrolliert das Kapital den Wettbewerb,* und damit auch die Verteilung. Das hängt damit zusammen, dass die Wirtschaftswissenschaft seit dem 20. Jahrhundert die Bedeutung des Wettbewerbs vorrangig in seinen schöpferischen und zugleich zerstörerischen Aspekten sieht, in seinem Potenzial zur Entdeckung und Durchsetzung neuer und zur Verdrängung alter Lösungen, kurz: zum Vorantreiben des Wirtschaftswachstums. Schöpferische Konkurrenz hat auch monopolistische Züge – der Innovator hat immer ein Monopol, zumindest bis andere nachgezogen haben, und versucht zudem gegen die Nachzügler seinen monopolistischen Vorsprung mit hohem Kapitaleinsatz für Patente, Markenschutz, Übernahme von Konkurrenten usw. zu verteidigen.

Um des Wachstums willen hat die Ökonomie in Kauf genommen, dass sich auf immer mehr Märkten eine »monopolistische Konkurrenz« entwickelte, d. h. ein beschränkter Wettbewerb zwischen Produkten, die im Hinblick auf die Qualität nur begrenzt austauschbar sind, sodass das einzelne Produkt dem Unternehmen ein bisweilen geringes, bisweilen aber auch recht hohes Maß an monopolistischem Preis- und Gewinnspielraum verschafft. Die Akzeptanz dieses Wettbewerbsmodells ging mit einer Verharmlosung des Unternehmenswachstums, der Fusionen und schließlich des Monopols einher – bis hin zu der Vorstellung, natürliche Monopole wie der schienengebundene Verkehr oder die Trinkwasserversorgung seien bei privaten Eigentümern besser aufgehoben als in der öffentlichen Hand, weil das Streben nach hoher Kapitalrendite die Privaten zu effizienterem Wirtschaften veranlasse.

Sicher hat zu dieser Verharmlosung beigetragen, dass die Abfolge der Innovationen immer schneller wurde, der Zugang zu den Märkten immer leichter, und kein Unternehmen seiner Monopolstellung mehr lange sicher sein konnte.[44] Das hat damit zu tun, dass technologische Entwicklung, Deregulierung und Globalisierung den Wettbewerb verschärft haben. Zwar suchen Unternehmen sich auch weiterhin durch monopolistische Rechte wie Patente und geschützte Marken vor ihm zu schützen, zwar sind sie weiterhin von dem Bestreben geleitet, sich monopolartige Verwertungsansprüche zu sichern, sei es an Pflanzen oder Genen, an Musiktiteln oder Software, um den Markt oder ein Segment des Marktes zu beherrschen. Aber vielfach bieten diese Ansprüche nur noch prekären Schutz, weil

sie durch parallele Entwicklungen und schnelle Verbes-
serungen aufgehoben werden.

Die Intensivierung des Wettbewerbs bringt hohe
Renditen, weil sie Kosten reduziert – aber welche Kosten reduziert werden, das ist dem Kapital weitgehend
freigestellt. Ohne Sozialbindung gibt es keinen Anlass,
einen Unterschied zu machen zwischen den Kosten,
die man im Interesse der Ressourcenproduktivität so
gering wie möglich halten sollte (z. B. den Einsatz an
Energie und Rohstoffen), und den sozialen[45] Kosten,
gelegentlich auch als wertschaffende Kosten bezeichnet,[46] die man im Interesse der Allgemeinheit auf sich
nehmen sollte. Denn *alle* Kosten vermindern den privaten Gewinn; also sucht man sie *alle* zu vermeiden,
zu reduzieren oder abzuwälzen. Die Sozialbindung des
Kapitals dagegen würde die Externalisierung der sozialen Kosten untersagen. Um sie durchzusetzen, muss es
sanktionsbewehrte Marktregeln geben; der moralische
Appell genügt nicht.

Diese Regeln gibt es bisher nur vereinzelt. Der ökonomische Mainstream hält zwar an der Freiheit des
Wettbewerbs fest, nimmt es aber in Kauf, dass die
Angleichung der Einkommen nicht mehr stattfindet.
Im zweiten Drittel des Jahrhunderts hat er vorübergehend akzeptiert, dass diese durch staatliche Eingriffe
(New Deal, Keynesianismus) gefördert wurde. Seit den
1970er Jahren setzt er wieder auf die Freiheit des Kapitals, die durch ein systemfremdes Element wie Sozialbindung nicht gestört werden dürfe. Er übersieht, dass
die Freiheit des Kapitals die Freiheit des Wettbewerbs
konterkariert, weil sie »Akkumulation durch Enteig-
nung«[47] ermöglicht. Zwei Beispiele:

• Investmentbanker können bei ihren Geschäften mit

den geringen Risiken der Perioden guten Geschäftsgangs rechnen, die in schlechteren Zeiten zu erwar-
tenden höheren Risiken verschleiern und für den Erfolg schon belohnt werden, bevor sich herausgestellt
hat, ob die Risiken eingetreten sind oder nicht, d.h.
sie übernehmen keine Verantwortung für Verluste.[48]
Es wundert nicht, dass die Qualität der Finanzdienstleistungen sich eher verschlechtert als verbessert hat.[49]
Die US-Immobilienkrise ist das ultimative Beispiel
dafür.

• Konzerne können ganz legal ihre Steuerpflicht aus
einem Land mit höheren Steuersätzen in ein Land
mit geringeren Sätzen verlagern, indem sie die
Verrechnungspreise zwischen den Konzerntöch-
tern so festsetzen, dass im Hochsteuerland kein
steuerpflichtiger Gewinn anfällt, oder indem sie im
Hochsteuerland Kredite bei einer konzerneigenen,
offshore residierenden Finanzierungsgesellschaft
aufnehmen und die Zinsen von der Steuer absetzen.
Multinationale Unternehmen entziehen mit diesen
und anderen Methoden allein den Entwicklungsländern Steuereinnahmen in Höhe eines Mehrfachen
der gesamten öffentlichen Entwicklungshilfe.[50]

Von der Freiheit des Kapitals haben die Großen den
größten Nutzen. »1955 produzierten die 500 größten
US-Konzerne ein Drittel des amerikanischen Brut-
toinlandsprodukts, 2004 waren es schon zwei Drittel.«[51]
Und sie werden zusehends autarker. »Die Kapitalgesellschaften erwirtschaften im Durchschnitt bei gut
laufender Konjunktur inzwischen mehr Gewinn, als
sie für Dividenden und Neuinvestitionen wieder aus-
geben. Allein im Jahr 2004 machte dieser Überschuss
1300 Mrd. US-Dollar oder 2,5 Prozent der gesamten

jährlichen Wirtschaftsleistung in den sieben führenden Industriestaaten (G7) aus. Mit diesem Geld drängen die Finanzabteilungen der Konzerne wiederum auf den Kapitalmarkt und lassen so die Kurse von Wertpapieren aller Art, jenseits aller vernünftigen Bewertung, noch weiter steigen.«[52] Ihr Eigenkapital vermehren sie kaum mehr in der konventionellen Form der Ausgabe neuer Aktien, die von den Sparern und Geldanlegern gekauft werden. Vielmehr ziehen sie es vor, aus ihren Gewinnrücklagen eigene Aktien zurückzukaufen. 1999 waren weniger als ein Prozent aller auf den Finanzmärkten in den USA gehandelten Aktien Neuemissionen; die Corporations haben mehr Aktien zurückgekauft als neu ausgegeben.[53] Die Finanzkrise allein wird das nur vorübergehend ändern.

4. Die Auswirkungen:
Substanzverzehr und Aneignung
4.1 Auszehrung des Realkapitals

Die Expansion des Finanzkapitals geht in erster Linie auf Kosten des Natur- und Sozialkapitals, macht aber auch vor dem Wirtschaftskapital nicht Halt. So finanzieren Private-Equity-Fonds den Kaufpreis für ein von ihnen übernommenes Unternehmen mit Bankkrediten, zwingen das übernommene Unternehmen zur Verzinsung und Tilgung dieser Kredite, eignen sich dessen Eigenkapital an, verkaufen Tochtergesellschaften, Betriebsstätten und Immobilien, drücken die Personalkosten, stellen die Forschung ein und verkaufen die Reste schließlich an einen weiteren Finanzinvestor oder lassen sie in Konkurs gehen. In diesem Prozess wird reales Wirtschaftskapital in substanzloses Finanzkapital überführt, sodass dieses schneller wachsen kann, als wenn es sich mit den jährlichen Renditen des Unternehmens begnügte. Der Preis ist die Verschuldung der übernommenen Unternehmen. Die Bank für Internationalen Zahlungsausgleich (BIZ) schätzt, dass diese bis 2020 Schulden von mehr als fünfhundert Mrd. US-Dollar abtragen müssen. Man muss befürchten, dass viele von ihnen dabei scheitern. Nicht anders geht es dem Natur- und Sozialkapital – auch ihre Substanz wird dezimiert, damit das Finanzkapital wachsen kann. Zu den drei Kapitalbegriffen:

- *Kapital* nennen wir einen Vermögensbestand, der einen Strom von produktiven Nutzungen liefert. Unter diesem Aspekt kann man auch die natürliche Mitwelt – das Klima, die Ökosysteme, die Tiere und Pflanzen, die Erdölvorkommen und andere Bodenschätze – als Kapital betrachten, eben als *Naturkapital*, und tut ihr damit nicht Unrecht, denn es ist durchaus ein Aspekt der Natur, Produktivkraft zu sein. Ebenso ist es ein Aspekt der Gesellschaft, die Produktion von Gütern zu ermöglichen und zu fördern; mit Recht werden die sozialen Beziehungen, Netzwerke und Normen, auf denen ihr Zusammenhalt und ihre Anpassungs- und Entwicklungsfähigkeit beruhen, als *Sozialkapital* aufgefasst,[54] ohne dass damit ihre anderen Aspekte geleugnet würden.

- Beide, das Sozial- wie das Naturkapital, sind reale Substanz wie das Produktions- oder *Wirtschaftskapital*, das aus ihrem Zusammenwirken entsteht: die privaten Produktionsanlagen und die öffentliche Infrastruktur. Alle drei kann man zum *Realkapital* zählen, allen dreien ist gemeinsam, dass sie allenfalls langsam wachsen können, wenn auf Substanzerhaltung geachtet wird. Das Wirtschaftskapital kann zwar schneller wachsen, wenn es Natur- und Sozialkapital verzehrt, doch selbst dann stößt sein Wachstum an Grenzen; je »reifer« ein Industrieland, desto größer ist sein Sozialprodukt und desto kleiner in Relation dazu der Effekt einer Wachstumsbranche.

• Das *Finanzkapital* dagegen strebt danach, sich mit Zinseszinsen exponentiell[55] zu entwickeln, und treibt das Wirtschaftskapital ebenfalls dazu an. Es kann diesen Anspruch längerfristig nur durchsetzen, wenn es Realkapital aufzehrt. Die Industrieländer haben seit 1950[56] erlebt, wie die Ausbeutung von Erdöl und Erdgas ein halbes Jahrhundert lang hohe Wachstumsraten ermöglicht hat. Aber sie haben darüber hinweggesehen, dass nicht rechtzeitig und ausreichend Ersatz für die Verringerung der Vorräte geschaffen wurde, dass zugleich auch ein großer Teil der übrigen Rohstoffvorkommen ersatzlos aufgezehrt wurde, dass Ökosysteme übernutzt wurden und Biodiversität verringert wurde, dass menschliche Gesundheit geschädigt wurde, dass Bildungs- und Beschäftigungschancen sich partiell verringerten, dass die globale Gerechtigkeit immer größeren Schaden nahm,[57] kurz: dass reale Substanz verzehrt wurde, bis hin zu Teilen des Wirtschaftskapitals selbst. Unvermindert wäre namentlich das Naturkapital nur geblieben, wenn ein ausreichender Teil der Erträge aus seiner wirtschaftlichen Nutzung dazu verwendet worden wäre, es wiederherzustellen oder zu ersetzen, wie die fossilen Energiequellen durch direkte Nutzung der Solarenergie. Das wäre möglich gewesen, und seit dem »stummen Frühling« lag offen zutage, dass es notwendig war. Es ist nicht geschehen, weil die Gewinne dann kleiner gewesen wären und das Finanzkapital sich mit geringeren Renditen hätte begnügen müssen.

Ein instruktives Beispiel bietet Princens Bericht[58] über die Pacific Lumber Company, eine auch sozial vorbildliche Firma der Holzfällerindustrie im Nordwesten der USA, die ihre Waldbestände selektiv ausforstete, also stets genug Bäume stehen ließ, dass die Lücken durch natürlichen Nachwuchs ausgefüllt wurden. Das Unternehmen erwirtschaftete eine ausreichende Kapitalrendite, nahm aber bewusst in Kauf, dass es nur einen Teil der Nachfrage nach seinen Produkten decken konnte und folglich nur ein bescheidenes Umsatzwachstum aufwies, was an der Börse einen relativ niedrigen Kursstand seiner Aktien bewirkte.

Dies, und der attraktive Bestand an gesunden Wäldern, führte 1985 zu der feindlichen Übernahme durch die Maxxam Corporation des texanischen Tycoons Hurwitz. Der Vorstand der Pacific Lumber versuchte sich zu wehren, wurde aber durch die Drohung mundtot gemacht, man werde ihn wegen Vernachlässigung des Aktionärsinteresses an hohen Wachstumsraten, Aktienkursen und Dividenden vor Gericht bringen. Der neue Eigentümer verdoppelte sofort den Holzeinschlag und zapfte die Pensionsrückstellungen für die Mitarbeiter an, um die für die Übernahme aufgenommenen Schulden zu bezahlen – d.h. er gab die Erhaltung des Naturkapitals auf und setzte die Ausbeutung der natürlichen Mitwelt und der Arbeitnehmer an ihre Stelle.

Ohne Sozialbindung ermöglicht das Eigentum den Raubbau, statt ihn zu verhindern; es ist ein Mythos, dass der Eigentümer mit der natürlichen Mitwelt sorgsamer umginge als die Gemeinschaft.[59] Das Privateigentum erlegt dem Eigentümer keine Verantwortung für all das auf, was auch an einem privaten Gut, hier den Wäldern, Gemeingutcharakter hat. Gemeingut *(commons)* ist das, von dessen Nutzung niemand ausgeschlossen wird und das folglich auch nicht vor der Belastung durch abgewälzte Kosten geschützt ist. Namentlich die natürliche Mitwelt ist im Bewusstsein der Menschen noch immer beliebig verfügbar, sieht man von einigen geschützten Arten und Revieren ab.

4.2 Marginalisierung von Arbeitnehmern

Die Anmaßung beliebiger Verfügbarkeit gilt auch im Verhältnis der Kapitaleigner zu den Arbeitnehmern. Die Aktienkurse reagieren besonders positiv, wenn ein Unternehmen durch Entlassung von Arbeitskräften seine Kosten verringert. Das ist typisch für die Leugnung der Sozialpflichtigkeit, denn tatsächlich *ist* es ein Fall von Externalisierung, dass man sich trotz guten Geschäftsgangs nicht für die Beschäftigten verantwortlich fühlt (z. B. lieber Arbeitnehmer entlässt als die Arbeitszeit verkürzt); denn dadurch werden Kapitalkosten auf die Arbeit abgewälzt. Aber das wird gar nicht gesehen. Im Gegenteil wird argumentiert, angesichts der Renditeerwartungen der Kapitalmärkte sei es oft gar nicht vermeidbar, und zudem sei es sogar moralisch vertretbar, dass Unternehmen Mitarbeiter entlassen, obwohl sie Rekordgewinne erzielt haben. Hier sind drei geläufige Argumente für diese Auffassung:[60]

1. Selbst ein Rekordgewinn kann zu niedrig sein, wenn er nicht ausreicht, das in dem Unternehmen eingesetzte Kapital »angemessen zu verzinsen«.

Nach diesem Argument wäre die Kapitalrendite von zwanzig Prozent, die Nokia seit 2007 anstrebt, angemessener als die fünfzehn Prozent, die das Werk in Bochum erzielt hat, und Nokia hätte Recht damit, das Werk zu schließen und die Beschäftigten zu entlassen. Doch dass abnorm hohe Renditen an den Finanzmärkten neuerdings als ein Muss empfunden werden, ist erst auf die neoliberale Wende zurückzuführen. Sie hat die Bedingungen dafür geschaffen, dass das Finanzkapital Unternehmen zwingen kann, die Rendite der realen Produktion kurzfristig auf einen so hohen Stand zu bringen, wie er bei freundlichem Börsenklima mit spekulativen Finanzprodukten erzielt wird. Es zwingt die Unternehmen zur Einsparung von Arbeitskräften und die Regierungen zur Senkung der Kapitalsteuern, weil es den Maßstab für »angemessene« Gewinne jetzt allein bestimmt.

Diese »Erpressungsökonomie«[61] ist die äußerste Konsequenz aus dem Primat des Kapitals und führt diesen ad absurdum. Wohin der Vorrang führt, hat vielleicht niemand so klar dargelegt wie Marjorie Kelly in »The Divine Right of Capital«:[62] Wir nehmen gedankenlos hin, dass in den Erfolgs- und Bilanzrechnungen einer Kapitalgesellschaft die Arbeitenden nicht als Mitglieder behandelt werden, sondern als Kosten. Also nehmen wir auch hin, dass es die Bestimmung der Arbeitsplätze sei, ersatzlos reduziert zu werden (vgl. 5.1).

2. Der in der Vergangenheit erzielte Rekordgewinn muss dazu verwendet werden, die Mittel für nötige Investitionen zu beschaffen, und nicht durch Erhöhung der Löhne »unwirtschaftliche Beschäftigung zu subventionieren«.

Unwirtschaftlich kann die Beschäftigung ja nicht

gewesen sein, solange sie zu dem hohen Vergangenheitsgewinn beigetragen hat, also warum soll es unwirtschaftlich sein, die Beschäftigten an dem Vergangenheitsergebnis zu beteiligen? Ist es moralisch gerechtfertigt, dass sie durch Verzicht auf ihren Anteil am vergangenen Gewinn die Investitionen sichern sollen, die sie für die Zukunft entbehrlich machen? Wenn man nicht von der Alleinherrschaft des Kapitals ausginge, würde man Wege suchen, auch den Beitrag der Arbeitnehmer zu würdigen. Es wäre z. B. denkbar, die Arbeitnehmer durch variable Lohnbestandteile rückwirkend am vergangenen Gewinn teilhaben zu lassen. Und die arbeitsparenden Investitionen könnten so angelegt werden, dass sie den Arbeitnehmern die Verkürzung ihrer Arbeitszeit ermöglichen, statt ihre Entlassung zu rechtfertigen.

3. Die Aktiengesellschaften sammeln die Ersparnisse von Anlegern ein mit dem Versprechen, dieses Geld zu verzinsen und zu vermehren, das ist »ihr Hauptzweck, ihre Geschäftsgrundlage«. Deshalb können sie es sich nicht leisten, zugunsten einer möglichst hohen Beschäftigung auf Rendite zu verzichten.

Daran ist nur eines richtig, nämlich dass das Aktiengesetz bei enger Auslegung dem Management vorschreibt, vorrangig im Interesse der Aktionäre zu handeln. Aber der Hauptzweck der AG ist doch wohl, Güter zu produzieren. Dazu sind alle Produktionsfaktoren notwendig, neben dem Kapital auch Arbeit, Gesellschaft und Natur, und zwar auf Dauer. Nur wenn man die neoliberale Voraussetzung akzeptiert, das Kapital müsse Vorrang vor den anderen haben, führt die ökonomische Logik dazu, die Entlohnung der Arbeit (und die Erhaltung von Gesellschaft und Natur) als Kosten zu betrachten, die reduziert werden müssen, damit die

Kapitaleigner und Manager sich für ihre Leistung angemessen belohnen können. 2005 bis 2007 sanken die Nettolöhne um 3,5 Prozent, die Unternehmensgewinne stiegen um fünfundzwanzig Prozent, und die Gehälter der Topmanager legten allein 2007 um zwanzig Prozent zu.[63] Die Konsequenz ist, dass Arbeitnehmer marginalisiert werden. Das konnte man anders sehen, solange entlassene Arbeitskräfte regelmäßig eine neue und meist gleichwertige Anstellung fanden; da das heute nicht mehr der Fall ist, bedeutet jede Entlassungswelle bei gutem Geschäftsgang, dass das Unternehmen Kosten externalisiert, indem es den Entlassenen, dem privaten Konsum, dem staatlichen Sozialbudget und nicht zuletzt dem Gemeingut Beschäftigung eine vermeidbare Belastung zufügt.

4.3 Vereinnahmung von Gemeingut-Erträgen

Was uns vom Pfad der nachhaltigen Entwicklung abweichen lässt, ist stets die Übernutzung eines Gemeinguts – der berühmten Gemeindewiese, auf die zu viele Schafe getrieben werden.[64] Diese Metapher ist fast so alt wie die Klage über den »stummen Frühling«. Und nach und nach wird auch erkannt, dass es zwei sich überschneidende Verhaltensweisen sind, die die Übernutzung bewirken.

- Die eine ist *Externalisierung*: Die Gemeingüter Klima und Biodiversität werden übernutzt durch übermäßige, weil die Absorptionskraft der Senken übersteigende Emission von Schadstoffen. Das Gemeingut Erdöl, das noch Jahrhunderte als Ausgangsprodukt für Kunststoffe unverzichtbar sein wird,

wird übernutzt durch ersatzlose Verschwendung für Heizung und Transport. Das Gemeingut Beschäftigung – Teilhabe an der gesellschaftlich notwendigen Arbeit – wird übernutzt durch massenhafte Marginalisierung von Arbeitskräften. Externalisierung bedeutet Bereicherung durch Substanzverzehr: Man dezimiert das Gemeingut, weil man im Interesse hoher Gewinne nicht in seine Erhaltung bzw. Wiedergewinnung investiert.

- Die andere ist *Vereinnahmung,* Aneignung, Monopolisierung. Die Worte drücken aus, dass die Erträge von Gemeingütern nicht mehr allen zugutekommen, so wie bis zum Mittelalter praktisch alle die Früchte des Waldes nutzen konnten,[65] sondern monopolisiert werden, sei es durch förmliche Privatisierung[66] oder »Einzäunung« (enclosure[67]) eines Gemeinguts, sei es durch Aneignung der Erträge, die aus der wirtschaftlichen Nutzung von Gemeingütern resultieren.

Angenommen, das Klima würde nicht verändert, weil die Summe der CO_2-Emissionen gerade eben im Rahmen der Absorptionsfähigkeit der Wälder und Meere bliebe: Dann würde zwar nicht Substanz verzehrt, aber immer noch monopolisiert; denn diejenigen, die mehr emittieren als andere, bereichern sich im Vergleich zu diesen, weil sie überdurchschnittlich viel von dem Gemeingut wirtschaftlich nutzen, ohne mit den übrigen zu teilen, die doch ebenso nutzungsberechtigt sind. Deshalb müssten auch dann Emissionszertifikate verkauft oder Nutzungsentgelte erhoben werden. So wird neuerdings die Einrichtung von *Commons Trusts* vorgeschlagen, die für die privatwirtschaftliche Nutzung eines Gemeinguts Beiträge einziehen, um sie an alle Nutzungsberechtigten zu verteilen.[68]

Denn natürlich dienen die Gemeingüter auch wirtschaftlichen Zwecken. Die Luft, der Boden, die Meere, die Biodiversität, die Verkehrswege, die Bildung, die Kultur – sie alle laden dazu ein, sie zu nutzen. Doch fordern zwei Grundsätze der Ethik, dass das keine *vereinnahmende* Nutzung ist, bei der man die Erträge für sich behält, und dass es keine *externalisierende* Nutzung ist wie beim Verkauf intransparenter Finanzprodukte. Der erste Grundsatz steht z. B. hinter dem Prinzip der Steuerprogression, der Besteuerung nach der Leistungsfähigkeit, der zweite steht z. B. hinter dem Prinzip der Finanzmarktkontrolle. Gegen beide wehrt sich das Finanzkapital, denn seit der Liberalisierung des Kapitalverkehrs profitiert es in hohem Maße davon,

- dass es Gemeinguterträge vereinnahmt, indem es die Privatisierung natürlicher Monopole einfordert und Regierungen in einen Standortwettbewerb zwingt, der ihm eine Minimierung seiner Steuern und Abgaben beschert, die Staaten aber in verringerte Sozial- und Infrastrukturausgaben und zugleich in erhöhte Schuldenaufnahme treibt,
- und dass seine Akteure sich Erträge aneignen, die nur durch Missbrauch der Leistungsfähigkeit der Finanzmärkte möglich sind – durch Verschleierung von Risiken, durch Spekulation ohne Eigenkapital, durch unkontrollierte Geldschöpfung in Form von »Finanzinnovationen« und durch Erzwingung überhöhter Kapitalrenditen, die auf den realen Märkten nur durch Abwälzung von Kosten auf Arbeit und Natur zu erzielen sind.

Diese Formen der Bereicherung kommen der monopolistischen Aneignung eines Einkommens gleich, das aus der naturgegebenen oder manipulierten Knappheit der

genutzten Gemeingüter erwächst, des Bodens, der Rohstoffe, des Klimas, des öffentlichen Vertrauens – und
nicht zuletzt des Marktes selbst. Denn auch Märkte sind
Gemeingüter,[69] und stets resultiert nur ein Teil der auf einem Markt erwirtschafteten Erträge aus der individuellen
Leistung des einzelnen Marktteilnehmers, einen anderen
Teil verdankt er der Funktionsfähigkeit des Marktes.

Aus der Nutzung von Gemeingütern erwächst ein
leistungsloses Einkommen, das von Ökonomen seit je
als *Rente* bezeichnet wird. Das Wort wird heute auch für
Einkünfte verwendet, auf die man sich durch vergangene
Arbeit ein Anrecht erworben hat. In seiner ursprüngli-
chen Bedeutung bezog es sich auf den Ertrag aus einem
Gemeingut wie dem Grund und Boden, aus dem der
Eigentümer Einkünfte ohne eigene Leistung erzielte;
daher die Begriffe Bodenrente, Knappheitsrente. Das
Wort Rente wurde auch auf Erträge aus einem Monopol
angewandt; daher der Begriff der Monopolrente. Die
Allgemeinheit nimmt solche leistungslosen Einkünfte
hin, wenn sie zufällig auftreten wie Lotteriegewinne,
oder wenn sie in einer Weise verwendet werden, die im
Sinn der Sozialpflichtigkeit des Eigentums allen zugutekommt. Heute werden sie planvoll, auf Dauer und in
großem Umfang von Einzelnen beansprucht; deshalb
wächst das Gefühl der ungerechten Verteilung, und die
Integrationskraft der Gesellschaft steht auf dem Spiel.

4.4 Auseinanderstrebende Verteilung der Einkommen

So entwickeln sich die Märkte zusehends zu Instru-
menten der Einkommensungleichheit, denn nur noch
die Bezieher der oberen Einkommen werden reicher,

während die unteren und mittleren Einkommensschichten verarmen. In den USA hat das reichste Prozent, das waren »2004 etwa anderthalb Millionen Haushalte«, seit den 1970er Jahren »seinen Anteil am Vermögen des Landes verdoppelt«. 1998 besaßen diese Haushalte »mehr als die ärmsten 90 Prozent der Bevölkerung zusammengenommen«.[70]

Frank und Cook haben für Ungleichheit fördernde Märkte den Begriff »*winner-take-all markets*« geprägt.[71] Auf diesen Märkten werden kleine Unterschiede in der Leistung in große Unterschiede im Entgelt übersetzt. Dazu tragen zwei Momente bei, ein altbekanntes und ein neuartiges. Zum einen schwemmen größere Kapitalströme den von ihnen profitierenden Personen höhere Einkünfte zu, sei es als Zinserträge oder als Entgelt für Führungspositionen. Zum anderen erlaubt es die Produktionstechnologie oder die Vertriebsorganisation einzelnen Produkten oder Produzenten, die meiste Nachfrage auf sich zu ziehen, man denke an die CD des gerühmtesten Soprans oder das bekannteste Steuersparprogramm. Schon der Zweitbeste hat viel weniger Zuspruch, weil die Verbreitung der Information in den Medien, im Internet und in den Fachkreisen die wenigen bevorzugt, die es an die Spitze schaffen. Die Globalisierung lässt die bisher vielen lokalen Märkte zu wenigen nationalen oder kontinentalen Märkten zusammenwachsen, also ist weniger Platz für Spitzenkräfte, die aber können wesentlich höhere Einkommen beziehen. Tausende Menschen sind am Zustandekommen eines Films beteiligt, von sehr wenigen aber hängt es ab, ob der Film einschlägt und viele Besucher anzieht, und diese bekommen Riesengagen. Von den fünfzig weltbesten Tennisspielern schaffen es nur ganz wenige in die Schlagzeilen und zu Werbeauftritten. Von zahllosen Markenartikeln sind jeweils nur einige an der Spitze; viele haben es schwer, überhaupt Platz in den Regalen der Supermärkte zu erhalten. Auf Finanzmärkten wird viel verdient, weil die gehandelten Summen so exorbitant hoch sind; im Internethandel können sich kleinste Provisionen zu Riesengewinnen summieren. All dies fördert auch die Bildung von Monopolen.[72]

Es mag sein, dass die, die besonders viel verdienen, zu den Besten gehören. Aber sie überrunden andere, die nicht minder dazugehören, aber von den Marktstrukturen weniger profitieren. Auch auf Arbeitsmärkten haben herausragende Arbeitskräfte inzwischen die Möglichkeit, sich erfolgreicher zu vermarkten; deshalb die extrem hohen Bezüge der CEOs, der Vorstandsvorsitzenden.[73] Das Prinzip hat sich so sehr ausgebreitet, dass man heute in zahlreichen Wirtschaftsbereichen und Berufen den gleichen Markttyp findet, ob bei Chirurgen oder Tenören, Banken oder Psychiatern, Markenartikeln oder Universitäten:

»Wo immer man die Daten vergleicht, das Muster der wachsenden Ungleichheit ist fast exakt das gleiche. Bei Universitätsabsolventen zum Beispiel ist das Grundmuster, dass die am Fuß der Einkommensleiter seit 1980 fast keinen Boden gewonnen haben, die in der Mitte haben sich nur wenig verbessert, an der Spitze aber haben die Einkommen rapide zugenommen. Dasselbe gilt bei Autoren, Grundstücksmaklern und Physikern. In fast jeder Gruppe sehen wir dasselbe Muster wie in der Wirtschaft im ganzen. Die an der Spitze haben spektakulären Erfolg, die in der Mitte sind kaum vorangekommen, und die am unteren Ende halten sich mühsam über Wasser.«[74]

Dabei sind »die an der Spitze« oft nicht nur die Super-stars der Ersten, sondern auch die der Zweiten Liga, z. B. Verkäufer, Manager, Kostenrechner, Ärzte.[75] Was die Gewinner insgesamt kennzeichnet, ist nicht so sehr ihr Vorsprung an Humankapital, also Erziehung, Bildung, Ausbildung, als vielmehr die Hebelwirkung von Markt-strukturen, die die relative Leistung stärker belohnen als die absolute.[76] Nach einem absoluten Maßstab mö-gen zwei Tennisspieler oder zwei Manager gleich gut sein, dennoch ist das Einkommen des einen höher als das des anderen, denn es hängt auch oder vor allem von den Geldströmen ab, von denen das Einkommen abgezweigt wird: Der eine sitzt an einem breiteren, der andere an einem schmäleren Strom. So ist die Vertei-lung heute zunehmend von der Struktur des jeweiligen Marktes als eines Gemeinguts abhängig, dessen Ertrag auf den »Winner« umgelenkt wird, statt allen zugutezu-kommen, wie es der Sinn des Gemeinguts wäre. Diese Umlenkung ist zu einem guten Teil für die Öffnung der Schere zwischen den höchsten und den unteren Ein-kommen verantwortlich. Doch sie wird nicht als An-eignung erkannt, weil der Mythos des Privateigentums dazu zwingt, die Marktergebnisse allein der privaten Leistung der Marktakteure zuzurechnen.

Auch in Europa spaltet sich die Gesellschaft in Klassen von Bevorzugten und Benachteiligten. Auf den oberen Einkommensrängen, wo man sich immer mehr leisten kann, sind die Konsumansprüche weiter gestiegen; wie bisher hat deren Steigerung die jeweils niedrigere Schicht zur Anhebung der eigenen Ansprü-che veranlasst, und der Wettlauf der Konsumansprüche hat seinen Teil dazu beigetragen, dass es den breiten Mittelschichten immer schwerer fällt, ihr Konsum- und

Lebensniveau zu verteidigen und die »relative Depri-
vation« zu vermeiden, die ihnen droht. Denn die Kosten für Wohnung, Kleidung, Nahrung, Geselligkeit,
Bildung, soziale Sicherheit nehmen zu, weil alle Ansprüche an das gestiegene Vergleichsniveau angepasst
werden müssen; aber die Einkommen steigen nicht im
gleichen Umfang, sodass auch in der Mitte der Ein-
kommenspyramide viele länger arbeiten, um mithalten
zu können.[77] Und am unteren Ende nimmt sowohl die
Anzahl derer zu, denen die Niedriglöhne nicht zum Leben reichen, als auch derer, die selbst zu diesen Löhnen
keine Erwerbsarbeit mehr finden.

5. Ein Kapitalismus mit menschlichem Antlitz
5.1 Gleichordnung der Produktivkräfte

Bei allem guten Willen zu Natur- und Sozialverträglichkeit lassen sich Politik und Wirtschaft bisher auf
Strategien nachhaltiger Entwicklung nur ein, soweit
sie mit Wirtschaftswachstum vereinbar sind. Das exponentielle Wachstum selbst steht nicht in Frage. Denn
das kapitalistische Weltsystem[78] ist auf dem Primat der
Kapitalexpansion aufgebaut und treibt deshalb den Prozess der Kommodifikation, der für das Wachstum der
Produktion nötigen Verwandlung von Bedürfnissen in
Waren,[79] blindlings weiter voran, ohne ihn auf Nachhaltigkeit zu überprüfen. Aber das System stößt heute
an seine Grenzen. Es wird immer unabweisbarer mit
seinen inneren Widersprüchen konfrontiert:[80]
• Es ist auf permanente Kapitalexpansion, also ex-
   ponentielles Wachstum angelegt, operiert aber in
   einer endlichen Welt. Die bewohnbaren Räume hat

es besetzt, und das Vorantreiben der Kapitalexpansion durch Externalisierung von Kosten auf Umwelt und Gesellschaft, Marginalisierung der Arbeit und Monopolisierung von Gemeingüterträgen lässt sich nicht mehr lange fortsetzen. Denn inzwischen gefährden diese Strategien den Wohlstand der entwickelten und das Nachholen der sich entwickelnden Länder.

- Tatsächlich ist das Wachstum der reifen Industrieländer längst linear,[81] und das der Entwicklungsländer wird sich abflachen. Deshalb hat sich die Kapitalexpansion mehr und mehr auf das Finanzkapital verlagert; das aber hat zu einer Polarisierung zwischen Reichen und Armen geführt, die sich in einer Vermögensinflation und einem Schwinden der Einkommen in den mittleren und unteren Schichten auswirkt, das deren Versorgung mit Konsumgütern – und ihre Zustimmung zum politischen System – infrage stellt.

- Die Kapitalexpansion steht und fällt mit der Fähigkeit der Regierungen, auf Kapitalbesteuerung weitgehend zu verzichten, dem Kapital Monopolpositionen einzuräumen, ihm eine der Kommodifizierung günstige Infrastruktur zu bieten, die Verhandlungsposition der Arbeitnehmer zu schwächen; für all das haben die Regierungen aber nur begrenzten Spielraum, weil diese Strategien ihre Finanzkraft verringern und sie zu steigender Verschuldung zwingen, die schließlich in die Inflation der Konsumgüterpreise führen wird.[82]

Robert Reich hat diese Widersprüche in eine eingängige Formel gefasst:[83] Der »Superkapitalismus« der letzten Jahrzehnte bereichert die Menschen als *Verbrau-*

cher durch billigere Konsumgüter und als *Geldanleger* durch höhere Renditen, schädigt sie aber als *Arbeitnehmer* durch Lohnminderung und Marginalisierung und als *Bürger* durch Umweltzerstörung, gesellschaftliche Desintegration und Unterwanderung der demokratischen Prozesse. Beide, die Bereicherung wie die Schädigung, resultieren daraus, dass dem kapitalistischen System genau die Handlungs- und Strukturregeln vorgegeben wurden, die sie heute ermöglichen.

Fragen wir also im letzten Kapitel nach den Regeln, die die inneren Widersprüche des Kapitalismus aufheben oder entschärfen würden; sie gehen aus den Erkenntnissen der vorangehenden Kapitel hervor. Der bitterste dieser Widersprüche war lange der zwischen Kapital und Arbeit; er droht es heute wieder zu werden, wenn die Marginalisierung nicht gestoppt und rückgängig gemacht wird. Die bisherigen Ansätze zu seiner Auflösung haben das Privateigentum an den Produktionsmitteln aufheben wollen; die Geschichte hat sie zu den Akten gelegt, zumindest was die Verstaatlichung angeht, und genossenschaftliche Lösungen sind punktuell geblieben.

Es gibt eine realistischere Möglichkeit, den Primat des Kapitals abzulösen, nämlich durch eine *Gleichordnung* des Kapitals mit der Arbeit, und analog dazu auch mit den weiteren Produktionsfaktoren Gesellschaft und Natur, wie sie für nachhaltige Entwicklung unerlässlich ist.[84] Wir müssen nicht als sakrosankt hinnehmen, dass in den Erfolgsrechnungen der Unternehmen die Dienste der Arbeitenden, der Ökosysteme und der gesellschaftlichen Infrastruktur als zu minimierende Kosten behandelt werden, nach der Gleichung:

»Verkaufserlöse – Kosten für Fremdkapital, Arbeit,

Material, Vorleistungen, Steuern, Sozialaufwendungen = Einkünfte der Finanzkapitaleigner + Rückstellungen«.

Solange diese Logik gilt, ist es die Bestimmung der Arbeitsplätze und der Steuern und Sozialaufwendungen, ersatzlos reduziert zu werden, und sind die naturgegebenen Ressourcen dazu da, mit möglichst hohem Kapitalertrag verbraucht zu werden. Die nachhaltige Entwicklung verlangt eine andere Logik:[85]

»Verkaufserlöse – Kosten für Fremdkapital, Material, Vorleistungen = Einkünfte der Finanzkapitaleigner und Arbeitnehmer + realkapitalerhaltende Aufwendungen + Rückstellungen«.

Kapitaleigner und Arbeitnehmer sind dann gleichberechtigte Mitglieder der Unternehmung mit dem Anspruch auf Teilhabe am Gewinn, über dessen Erwerb und Verteilung sie sich einigen müssen. Die Arbeitenden tragen auf ihre Weise (z. B. in Gestalt eines erfolgsabhängigen variablen Lohnbestandteils, der am Ende des Jahres ausgezahlt wird) das Unternehmensrisiko mit. Der Betriebsrat wird gleichsam zu einer »Zweiten Kammer« ausgebaut, die wichtige unternehmerische Entscheidungen – einschließlich der Bestellung des Vorstands und der Besetzung des Aufsichtsrats – mitbestimmt und mit der Unternehmensführung über das variable Einkommen der Beschäftigten, ihre Beteiligung am Erfolg, verhandelt.[86] Aufwendungen für die Werterhaltung bzw. -steigerung des Naturkapitals (z. B. für die Rückgewinnung verbrauchter Rohmaterialien) und des Sozialkapitals (z. B. für die Weiterbildung der Arbeitnehmer) werden den Einkünften von Kapitaleignern und Arbeitnehmern an die Seite gestellt, ihre Ergebnisse werden auch in der Vermögensbilanz aktiviert. Das dürfte die Effizienz der Kostenrechnung eher noch steigern, weil es größere Aufmerksamkeit auf die Frage lenkt, welche Aufwendungen den so berichtigten Wert des Kapitals am effektivsten sichern. Auch Steuern und Sozialabgaben werden kritischer auf die Qualität ihrer Verwendung hin geprüft, wenn sie unter dem Aspekt der Werterhaltung des Sozialkapitals gesehen werden.

5.2 Wettbewerb um Nachhaltigkeit

In einigen Lebensbereichen hat der Gesetzgeber das Verfassungsgebot der Sozialpflichtigkeit des Eigentums zumindest ansatzweise befolgt, im Mietrecht und im Arbeitsrecht, im Verbraucherschutz und in der Mitbestimmung. Außerhalb dieser Bestimmungen gilt § 903 BGB weiter uneingeschränkt, als sei Art. 14 Abs. 2 nicht existent, so auch im Wettbewerbs- und Gesellschaftsrecht:

- Das Wettbewerbsrecht in Deutschland, in der Europäischen Union, in der Welthandelsorganisation und in der amerikanischen Freihandelsorganisation NAFTA schützt nicht nur den nachhaltigen Wettbewerb, sondern generell den »freien« Wettbewerb, also auch die externalisierende Konkurrenz. Versuche von regionalen oder nationalen Autoritäten, die Externalisierung zu erschweren – z. B. indem sie den Verbrauchern eine Bevorzugung regionaler Produkte nahelegen –, können als Diskriminierung von Wettbewerbern bzw. Gefährdung getätigter Investitionen betrachtet und durch Drohung mit einer Klage wegen Wettbewerbsbeschränkung verhindert werden.[87]

- Durch das Gesellschaftsrecht sind Manager von Kapitalgesellschaften noch heute rechtlich gehalten, sich allein den *shareholders* verantwortlich zu fühlen. »Nach unseren Gesetzen machen sich die Manager eines Unternehmens der ›Untreue‹ schuldig, wenn sie das Unternehmen wissentlich so führen, dass die Gewinne zurückgehen.«[88] Soziale und umweltpolitische Ziele dürfen freiwillig nur verfolgt werden, wenn und soweit sie die Vermögensinteressen des Unternehmens und seiner Aktionäre fördern; »keine Führungsmannschaft in den börsennotierten Unternehmen ist bereit oder gesetzlich befugt, darüber hinaus soziale Verantwortung zu übernehmen.«[89] Unter solchen Bedingungen ist es »in der Struktur des Unternehmens angelegt«, dass die Manager den Vorteil des Unternehmens – und ihren eigenen – zulasten der Allgemeinheit verfolgen; das Unternehmen ist dann in der Tat »die perfekte Externalisierungsmaschine«.[90]

Das gilt nicht nur für amerikanische Unternehmen. Auch das deutsche Aktiengesetz verpflichtet das Management allein auf das Vermögen der Kapitaleigentümer. Auch hier muss der Vorstand alles daransetzen, bescheidene Gewinne und niedrige Kurse zu vermeiden, weil die AG dann feindlich übernommen werden kann, weil Aktionäre ihm Vernachlässigung ihres Vermögensinteresses vorwerfen können, weil die Kreditwürdigkeit des Unternehmens in Zweifel gezogen werden kann. Und auch hier trägt die Pflicht zur Vorlage von Quartalsberichten im Verein mit der Gewährung von Aktienoptionen dazu bei, dass der Vorstand um die kurzfristige Realisierung so hoher Eigenkapitalrenditen bemüht ist, wie sie ohne Externalisierung schwerlich erzielt werden.

Nachhaltige Entwicklung erfordert, dass die Praktiken der Externalisierung schrittweise, aber konsequent aufgegeben werden. Die Unternehmen dürfen notwendige Aufwendungen für die Erhaltung des Natur- und Sozialkapitals nicht abwälzen, sondern müssen sie durch anderweitige Kostensenkung oder Preiserhöhung oder Gewinnminderung finanzieren. Und sie dürfen den Ertrag der Nutzung von Gemeingütern nicht für sich monopolisieren, sondern müssen ihn mit allen Nutzungsberechtigten teilen, sei es durch Kauf von Zertifikaten für die Emission von Schadstoffen oder die Extraktion von Rohstoffen, sei es durch Öko-Steuern oder durch Abführung von Ertragsteilen an einen *Commons Trust*.

Ohne Gesetzesänderung ist das nicht zu haben. Insbesondere das Wettbewerbsrecht muss deutlich machen, dass der Wettbewerb sich nicht nur um Preise und Qualitäten dreht, sondern auch um nachhaltige Entwicklung.[91] Nachhaltigkeit ist kein justiziabler Begriff, aber sein rechtlicher Inhalt ist eindeutig bestimmbar: Kosten werden nicht externalisiert, sondern getragen, und Gemeinguterträge nicht monopolisiert, sondern geteilt. Beides muss allen Unternehmen vorgeschrieben werden, damit sie die Sicherheit haben, dass sie nicht von Konkurrenten übervorteilt werden, wenn sie selbst freiwillig Kosten z. B. für Umweltschutz aufwenden, während Konkurrenten sie weiter abwälzen und folglich billiger anbieten können. Denn ohne solche Sicherheit erzwingt der Wettbewerb die Externalisierung, weil die Produzenten dann mehr absetzen und die Konsumenten mehr kaufen können, als wenn sie für die vollen Kosten aufkommen müssten.

Ändern lässt sich das nur, wenn der Wettbewerb in den einschlägigen Gesetzen – in Deutschland vor allem

im Gesetz gegen Wettbewerbsbeschränkungen (GWB),
im Gesetz gegen unlauteren Wettbewerb (UWG) und
im Aktiengesetz (AktG) – auf nachhaltige Entwicklung
verpflichtet wird, etwa durch unbestimmte Rechtsbe-
griffe in den Präambeln,[92] die beispielsweise besagen
könnten, dass GWB und UWG keine Unternehmen
schützen, die sich durch Externalisierung Marktvorteile
verschaffen, und dass das AktG den Vorstand dazu verpflichtet, das Vermögensinteresse der Aktionäre und
das Einkommens- und Beschäftigungsinteresse der Arbeitnehmer zu verfolgen, beide aber mit dem Prinzip
der nachhaltigen Entwicklung in Einklang zu bringen
und diesem im Konfliktfall, mindestens auf mittlere
und längere Sicht, Vorrang zu geben.

Nur auf diese Weise wird erreicht, dass der Wettbewerb die nachhaltige Entwicklung vorantreibt. Natürlich muss die Pflicht, zur nachhaltigen Entwicklung
beizutragen, auch für die Konsumenten gelten und in
all die Vorschriften eingehen, die in ihr Leben und Handeln eingreifen, ob sie das Bauen, Wohnen und Mie-
ten betreffen oder die Nahrungsmittel oder den Verkehr. Beiden, Produzenten und Konsumenten, muss
man nicht etwa die Mittel vorschreiben, mit denen sie
Nachhaltigkeitsziele erreichen sollen, sondern die Ziele vor Augen führen, die Einsparung fossiler Energien
zum Beispiel. Das Erreichen der Ziele muss auch nicht
mit Strafen erzwungen werden, wirksamer sind Anrei-
ze; am wichtigsten aber ist, dass die Regulierung des
Alltags von all den *entgegengesetzten* Anreizen und An-
lässen befreit wird, die die Menschen zur Verschwendung von Ressourcen, zur Zerstörung von Ökosystemen,
zur Vernachlässigung von Bildungschancen oder zur
Gefährdung der gesellschaftlichen Integration bringen,

weil das in den geltenden Strukturen bequemer und billiger ist.

Auch Kapitalanleger dürfen nicht länger Anlass haben, die Anlage von Geld allein unter dem Renditegesichtspunkt zu sehen, so wie es ihnen heute von den Medien, von den Investmentfonds, in der Anlageberatung der Banken, durch die herrschende Denkweise und durch die geltenden Vorschriften nahegelegt wird.

5.3 Kontrolle der Finanzmärkte

All das steht erst dann auf solidem Grund, wenn die zentralen Mängel des globalen Finanzsystems (Kap. 3) behoben sind. Um diese Mängel dauerhaft zu beheben, ist eine Reihe von Maßnahmen erforderlich:[93]

Die Zentralbanken müssen bei der Geldmengensteuerung neben der Entwicklung der Konsumgüterpreise auch die Kurse der Finanzprodukte im Auge haben; auch Vermögensinflation muss frühzeitig verhindert werden.

Die Bezieher hoher und höchster Einkommen müssen ihren angemessenen Beitrag zur Finanzierung der öffentlichen Aufgaben leisten, dürfen also nicht länger durch Absenkung der Steuerprogression entlastet werden. Ihre Tendenz zur Verlagerung von Vermögen in Länder mit Steuerprivilegien muss zunächst einmal *im eigenen Haus* vereitelt werden, also durch politische Abmachungen innerhalb Europas.[94]

Das derzeit nahezu grenzenlose Geldschöpfungspotenzial der Finanzmärkte muss wirksam eingegrenzt werden. Insbesondere muss die Eigenkapitalunterlegung nach Basel II auch für Kredite an Staaten mit hoher Bonität gelten. Sie muss auch beim Kauf von

Derivaten greifen, bei Leerverkäufen und erst recht bei Firmenübernahmen: Diese dürfen nur möglich sein, wenn sie überwiegend aus dem Eigenkapital der übernehmenden Gesellschaft erfolgen.

Zur Förderung der ethischen Geldanlage muss für die Anlageberatung die Pflicht gelten, Kunden über die Kriterien der Nachhaltigkeit von Finanzprodukten aufzuklären und sich dabei auf ethische Beurteilung (»Rating«) von Unternehmen durch vertrauenswürdige Agenturen zu stützen. Unternehmen müssen dazu angehalten werden, über ihre nichtfinanziellen Ergebnisse mit gleicher Intensität zu berichten wie über die finanziellen.[95] Wirtschaftsprüfern muss vorgeschrieben werden, dass sie die Prüfung auf das Erreichen zumindest der Nachhaltigkeitsziele ausdehnen, die das Unternehmen sich auferlegt hat oder die ihm auferlegt wurden. Fondsmanager müssen dazu verpflichtet werden, sich bei der Zusammenstellung der Portfolios an den Kriterien der Natur- und Sozialverträglichkeit zu orientieren. Für Gewinne aus Aktien mit unterdurchschnittlichen Nachhaltigkeitswerten sollte ein höherer Steuersatz gelten.

Der An- und Verkauf von Aktien muss mit einer Transaktionssteuer belegt werden, »um den Kapitalfluss zu verlangsamen und Menschen und Gemeinden mehr Zeit zu geben, sich auf Veränderungen einzustellen«.[96]

Die Banken- und Börsenaufsicht muss erweitert und intensiviert werden. So müssen alle gegenwärtigen und künftigen Finanzmarkt-»Innovationen« bei den Aufsichtsorganen melde- und genehmigungspflichtig werden.

Es muss eine wirksame internationale Aufsicht errichtet werden. Solange sie nicht besteht, muss die je-

weilige nationale Bankenaufsicht Kredite an »offshore«
residierende Akteure begrenzen und auch ganz untersagen können.

Alle großen Finanzmarktakteure – neben den Banken auch Pensionsfonds, Hedgefonds, Staatsfonds, Private-Equity-Gesellschaften etc. – müssen zur öffentlichen Transparenz *aller* eingegangenen Risiken verpflichtet werden, also z. B. jedes einzelnen der in einem Finanzprodukt gebündelten Risiken.

Geschäfte außerhalb der Bilanz müssen den gleichen Regeln unterliegen und ebenso strikt der Bankenaufsicht unterworfen sein wie die bilanzierten Geschäfte.

Um der destabilisierenden Wirkung kurzfristiger spekulativer Finanztransaktionen entgegenzuwirken, muss eine Finanztransaktionssteuer erhoben werden.

Die Gewinnminderung durch konzerninterne Verrechnungspreise und Kreditzinsen muss strengen Regeln unterliegen und darf steuerlich nicht anerkannt werden, wenn sie zur Verschiebung von Gewinnen in Niedrigsteuerländer führt.

Finanzmarktakteure müssen für ihre Fehler haften, auch die Verantwortlichen in Banken. Wenn Boni ausgezahlt werden, so erst nach der vollständigen Abwicklung des Geschäfts. Staatliche Liquiditätshilfen müssen von den nutznießenden Instituten später so ausgeglichen werden, dass kein Nachteil für die Steuerzahler verbleibt.

Nicht nur in den Industrieländern, sondern insbesondere in Entwicklungs- und Schwellenländern haben größer werdende Gruppen der Bevölkerung keinen Zugang zum Kapitalmarkt (Girokonto, Sparbuch usw.). Das unterminiert ihre Teilhabe an der Gesellschaft. Micro Finance Institutions (MFIs) ermöglichen marginalisierten Personen und Gruppen, insbesondere Frauen, wirtschaftliche Entwicklung. Zu fördern ist, neben dem Zugang zu Krediten und sicheren Sparmöglichkeiten, die *financial education* und die Verhinderung von Verschuldung. Zu bestärken sind MFIs, deren Zielgruppe insbesondere Marginalisierte und die Hauptbetroffenen des Klimawandels sind. Versicherungslösungen für »Nicht-Versicherbare« müssen entwickelt werden. Nicht im Sinn der nachhaltigen Entwicklung sind dagegen Mikrofinanzinstitute, die überwiegend Konsumkredite vergeben oder auf Höchstgewinn angelegt sind. Mikrokredite brauchen »geduldiges Kapital«.[97]

Die Widerstände mögen groß sein, die sich diesen Reformen entgegenstellen. Aber wenn die Welt so zusammenwächst, wie es der Logik der Globalisierung *und* der nachhaltigen Entwicklung entspricht, werden sie schrittweise überwunden. Die fatale Alternative kann man bei Diamond nachlesen: Wenn frühere Kulturen sich durch Substanzverzehr an der natürlichen und sozialen Mitwelt selbst zerstört haben, so meist weil ihre Eliten nicht auf überholte Privilegien verzichten wollten.[98]

5.4 Demokratisierung des Wohlstands

1958 wurde der für seine Wachstumstheorie berühmte Ökonom Roy Harrod vom US Committee for Economic Development gefragt, ob man auf längere Sicht eine Sättigung der Konsumgüternachfrage erwarten müsse.[99] Er legte dar, dass stets nur eine kleine – *oligarchische* – Minderheit reich an den Gütern sein kann, die Fred Hirsch später *positional* nannte,[100] weil sie die gehobene Position der wenigen symbolisieren, die sich mit diesen Gütern umgeben können: Direkte persönliche Dienste und durch Natur oder Konvention knappe materielle Güter wie Brillantschmuck, Luxuslimousinen, Haute Couture.

Dem oligarchischen stellte Harrod den für alle erreichbaren *demokratischen* Lebensstandard gegenüber. Dieser kann durch die Vermehrung derjenigen materiellen Güter gesteigert werden, die sich für Massenproduktion eignen, und das ist nicht wenig, wenn man an die heutige Standardausstattung europäischer Haushalte denkt. Die oligarchische Vielfalt persönlicher Dienste und positionaler materieller Güter dagegen ist für alle auf keinen Fall erreichbar. Aber wenn auch nur einige reich genug sein können, sich einen oligarchischen Lebensstil zu leisten, so können doch alle davon träumen. Dieser Traum ist das Produkt und die Triebkraft der Industriegesellschaft.

Harrods Thema war seine Unerfüllbarkeit. Für die Mehrheit der Menschen könne er nichts anderes bewirken, als dass die Bevorzugten nie saturiert und die Benachteiligten nie mit ihrem Los zufrieden sind, sondern stets nach dem streben, was die relativ Bessergestellten gerade erreicht haben. Diese Tendenz könne möglicherweise unbegrenzt andauern, weil »Verkäufer und Werbetreibende die Wünsche der Konsumenten stets mit immer neuen Verlockungen wachhalten«, doch müsse man fragen, ob das auf einem hohen Niveau der materiellen Zivilisation »eine Lösung des Problems oder nicht vielmehr eine Gefahr« darstelle.[101]

So plädierte Harrod für die Zukunftsvision, die vor ihm auch Keynes skizziert hatte: Das »ökonomische Problem« in einem Land (die relative Knappheit der

Ressourcen) wird an dem Tag »weitgehend gelöst« sein, an dem »unsere Mittel zur Einsparung von Arbeit schneller wirken als wir brauchen, um neue Verwendungen für Arbeit zu finden«,[102] und von da an wird *demokratischer* Wohlstand am ehesten dadurch gefördert, dass die Erwerbsarbeit verkürzt und durch sinnvolle, selbstbestimmte, kultivierende Nichterwerbstätigkeiten ergänzt wird. Diese werden aus dem Zusammenspiel von mehr erwerbsfreier Zeit und mehr Bildung erwachsen, zumal sich auch im Erwerbsbereich der Schwerpunkt von der Produktion materieller Güter auf die Vermittlung von Kenntnissen, Fähigkeiten und Einsichten verlagert, denn die Gesellschaft muss dann relativ mehr Menschen für die Tätigkeit in Erziehung und Bildung angemessen ausbilden, beschäftigen, wertschätzen und besolden. Sie muss mit anderen Worten dafür sorgen, dass diese Menschen genügend viele Güter aus der Massenproduktion kaufen können. Konkret hätte das zu Harrods Zeit etwa bedeutet, dass weniger Einkommen in die Rüstung flossen; heute müssten es auch weniger für den Finanzsektor sein.

Was Harrod vorschwebte, hat Dahrendorf später als *Tätigkeitsgesellschaft* bezeichnet: Eine Gesellschaft, die dem Ideal folgt, »alles heteronome Tun von Menschen in autonomes Tun zu verwandeln«, also keinem Lebensbereich »die Unfreiheit als unvermeidlich zugesteht«[103] und nicht mehr akzeptiert, dass Arbeit fremdbestimmt sei und bleibe. In einem solchen Konzept bedeutet ein Mehr an Freizeit Raum für die »Lebensarbeit«,[104] die die Beziehungs-, Familien- und Bürgerarbeit ebenso umfasst wie die Erwerbsarbeit. In ihm wird die Verkürzung der Arbeitszeit nicht wegen der Verringerung des Einkommens abgelehnt (denn durch

Sozialversicherung und negative Einkommensteuer ist der Grundbedarf gesichert), sondern als Erweiterung der anderen Tätigkeitsräume begrüßt.[105]

Unter dem Aspekt der nachhaltigen Entwicklung kann man die damit verbundene Verlangsamung des Wachstums nur bejahen; Einkommen und Konsum müssen sich in den Entwicklungsländern nach oben, in den Industrieländern nach unten anpassen, um sich weltweit auf einem mittleren Niveau der Ansprüche zu treffen, bei dem die Tragfähigkeit des Planeten Erde nicht überfordert wird. Die Pro-Kopf-Emission an CO_2-Äquivalenten zum Beispiel muss auf weniger als zwei Jahrestonnen verringert werden, um halbwegs klimaneutral zu sein. In Deutschland liegt sie bisher bei zehn Tonnen pro Person und Jahr. Ein Teil des klimaschädlichen Energieverbrauchs kann durch erneuerbare Energien ersetzt werden, ein anderer muss durch Übergang zu einem maßvolleren Lebensstil kompensiert werden, der unverzichtbar ist, zumal auch Ausgleichszahlungen an die Länder mit intakten Regenwäldern finanziert werden müssen.

Solche Einschränkung ist nur bei gerechter Verteilung zu erreichen. Anpassung nach unten ist schwieriger als nach oben: Der Schmerz über den Verlust einer Summe ist größer als die Freude über einen Gewinn in gleicher Höhe, daher das starke Widerstreben gegen den Verzicht auf Erreichtes.[106] Der Widerstand wird leichter überwunden, wenn man das Gefühl haben kann, dass alle ihren Beitrag zum Verzicht leisten. Doch die Expansion des Finanzkapitals steht dem diametral entgegen. Sie bürdet die Last der Anspruchsanpassung einseitig den Arbeitseinkommen auf, die Kapitaleinkommen dagegen können im Übermaß wachsen.

Die Expansion verstärkt eine Perpetuierung der Aufwandskonkurrenz, die im 18. Jahrhundert die Emanzipation der breiten Schichten vorangetrieben hat,[107] nun aber das Gegenteil bewirkt: Sie erzwingt die Fortdauer des Leitbilds vom oligarchischen Wohlstand, hindert die Industriegesellschaften an der Weiterentwicklung zu Tätigkeitsgesellschaften und hemmt die Entfaltung des einzigen Verteilungsprinzips, das mit nachhaltiger Entwicklung vereinbar ist, des demokratischen Wohlstands.

Dieses Prinzip ist mit Nachhaltigkeit vereinbar, weil nachhaltige Entwicklung nur erreicht werden kann, wenn die Praktiken der Externalisierung und Vereinnahmung konsequent aufgegeben werden. Das beseitigt den *Überkonsum,* der aus der Externalisierung privater Kosten entstanden ist, weil diese die Waren billiger macht als sie bei nachhaltiger Entwicklung sein können. Doch der Verzicht auf Überkonsum kann sich nicht durchsetzen, wenn die Aufwandskonkurrenz ständig durch das »trickle down«[108] neuer Konsumansprüche angestachelt wird.

Maßnahmen der sekundären Einkommensverteilung[109] ändern daran nicht genug. Denn ein Staat, der die »primäre« Verteilung der Einkommen an den Märkten unbesehen hinnimmt, gibt das Argument aus der Hand, dass die Verteilung durch Marktmacht verzerrt wird, die an ihrer Quelle korrigiert werden muss. Die Grundlage dafür liefert die neoliberale Theorie. Sie besteht darauf, dass die Verteilung der Markterträge auf die Produktivkräfte sich nach dem Verhältnis ihrer Beiträge zum Produktionsergebnis (nach der Relation der Grenzproduktivitäten) richte, und dass der Staat nicht in sie eingreifen dürfe. Doch diese Maxime hängt in der

Luft, weil die Primärverteilung der Markterträge durch den Primat des Kapitals systematisch verzerrt wird.

Die Verzerrung kann nur durch Aufhebung des Vorrangs beseitigt werden (5.1–3). Damit werden die Ursachen für die übermäßige Expansion des Finanzkapitals, für die extremen Verteilungsunterschiede, für die Naturzerstörung und den Überkonsum beseitigt. Und zugleich wird die Verdrängung der *marktfreien Güter* aufgehoben, die jetzt stattfindet, weil die Marktgüter durch Externalisierung von Kosten verbilligt sind, die marktfreien Güter aber zu ihren vollen Kosten hergestellt werden müssen: Selbstbestimmte Entfaltung, gesunde Lebensführung, menschliche Zuwendung, soziale Eingebundenheit, gemeinschaftsbezogenes Handeln werden heute als relativ aufwendig empfunden, da sich als Alternative die Beschäftigung mit attraktiven, komfortablen, zeitsparenden Marktgütern aufdrängt.[110] Wenn aber die Abwertung der marktfreien Güter beendet wird, dann bekommt das Leitbild des demokratischen Wohlstands eine reelle Chance.

Doch diese Entwicklung kann sich nur einstellen, wenn das Kapital daran gehindert wird, durch politische Einflussnahme die seinen Interessen dienenden Regeln selbst zu machen, denn die Expansion des Finanzkapitals in den letzten Jahrzehnten war begleitet von dem »Vordringen des Superkapitalismus in jeden Aspekt der Demokratie« durch die »Vorherrschaft der Lobbyisten, Unternehmensanwälte und PR-Profis im politischen Prozess und die Unternehmensgelder, die das System im Alltag durchdringen und es dem Bürger unmöglich machen, sich Gehör zu verschaffen. Nicht nur die Wahlkampfspenden müssen strikt begrenzt werden, sondern auch die Ausgaben für Lobby- und PR-Aktivitäten, mit denen Unternehmen Einfluss auf die Gesetzgebung nehmen.« Auch der Stopp dieser »politischen Rüstungsspirale« muss gesetzlich verankert werden. »Die Vorteile, die sich für ein Unternehmen ergeben, das sich die Freiheit politischer Deals bewahrt, wären zu verlockend.«[111] Nachhaltige Entwicklung wird sich nur vollziehen, wenn alle den Regeln der Nachhaltigkeit unterworfen sind.

Nachwort: Der gemeinsame Nenner

Wem nützt es eigentlich, dass die Welt sich der nachhaltigen Entwicklung noch immer entzieht, wem nützt die Ausbeutung der natürlichen und sozialen Mit- und Nachwelt? Robert Reich zufolge bringt sie uns als Verbraucher billigere Konsumgüter und als Investoren höhere Renditen ein, schädigt uns aber als Arbeitnehmer durch Lohnminderung und Marginalisierung und als Bürger durch Umweltzerstörung, gesellschaftliche Desintegration und Unterwanderung der demokratischen Prozesse (5.1).

Das liest sich, als träfen die Nutzen und die Schäden alle gleich. Dass wir auf die niedrigeren Preise und höheren Gewinne nicht verzichten möchten, könnte dann damit erklärt werden, dass uns allen die sofort verfügbaren Nutzen wichtiger wären als die langfristigen Schäden. Tatsächlich ziehen aber die ärmeren Verbraucher *überall* den Kürzeren: Sie profitieren weniger von den Konsumgüterpreisen und Renditen, sie leiden stärker unter dem Druck auf Einkommen und Beschäftigung, und auch die Umweltfolgen, die Desintegration und die Beeinträchtigung politischer Partizipation bekommen sie härter zu spüren.

Also sind es wohl mehr die Interessen der Reicheren, die mit nachhaltiger Entwicklung nicht harmonieren, weil sie kurzfristig von ihr mehr zu verlieren haben. Das Leitbild des oligarchischen Wohlstands treibt sie zur Verteidigung und zum Ausbau ihrer Verteilungsposition und vernebelt zugleich den Ärmeren den nüchternen Blick auf ihre Situation (5.4). Diesem Leitbild entspricht im wirtschaftlichen Denken der Primat des Kapitals (1.1). Er ist der gemeinsame Nenner für die drei Fehlentwicklungen, die in diesem Buch behandelt werden:

- Das Ausufern des Geldschöpfungspotenzials, das die Welt in die Finanzkrise geführt hat, entstand aus der Liberalisierung der Finanzmärkte, die dem Finanzkapital exzessive Gewinne durch die Verschleierung von Risiken, die Hebelwirkung hoher Kredite und schließlich die Erzwingung von Steuerprivilegien ermöglichte.
- Die steigenden Renditeforderungen des Finanzkapitals haben die auch vorher schon gravierende Ausbeutung des Natur- und Sozialkapitals durch Externalisierung, Monopolisierung und Reboundeffekte noch weiter beschleunigt.
- Beide, Liberalisierung und Ausbeutung, haben zusammen eine Diskrepanz in der Wohlstandsverteilung hervorgebracht, die in der zunehmenden Vermögensinflation, der Öffnung der Einkommensschere und dem hohen Anteil marginalisierter Arbeitskräfte zum Ausdruck kommt.

Alle drei Fehlentwicklungen sind das Ergebnis eines Verteilungskampfes, in dem das große Kapital sich nach der New Deal- und Weltkriegsperiode der 1930er bis 1960er Jahre die Freiheit *zur* Marktmacht zurückeroberte, die es bis zum Börsenkrach von 1929 innegehabt hatte. Sicher hat unter den Argumenten für die Deregulierung auch der technische Fortschritt eine Rolle gespielt, der berechtigten Anlass dafür schuf, Hemmnisse für den internationalen Kapitalverkehr, für die internationale Logistik u. a. zu beseitigen. Doch niemals gab es einen sachlich gerechtfertigten Grund, wegfallende nationale Regulierungen *nicht* durch internationale Regeln und Kontrollen zu ersetzen. Dass sie ersatzlos gestrichen wurden, lag im Interesse des großen Kapitals und wurde mit dem Glauben an die Selbstregulierungskraft der Märkte verbrämt (3.1).

Dieser Glaube wird durch die Finanzkrise endgültig ad absurdum geführt. Sie beweist, dass Märkte nur funktionsfähig sein können, wenn die Marktteilnehmer durch Regeln und Kontrollen daran gehindert werden, den Gemeingutcharakter des jeweiligen Marktes zu missbrauchen (4.3). Finanzmärkte werden »übernutzt«, wenn es Finanzakteuren durch geringe Eigenkapitalunterlegung, vernebelte Risikotransparenz, schwache Kontrolle der Finanzprodukte, geringe Transaktionskosten, leichte Gewinnverschiebungsmöglichkeiten u. a. ermöglicht wird, sich in einer Weise zu bereichern, die durch die gesamtwirtschaftliche Funktion des Finanzmarkts nicht gedeckt ist (2.2). Nicht erst die »sekundäre« Begünstigung bei den Spitzensteuersätzen, sondern schon die »primäre« Einkommensentstehung auf dem Markt verfälscht dann die Verteilung. Und auf den Märkten der realen Produktion, des Verkehrs und des Handels wird die primäre Verteilung durch Externalisierung von Kosten und Monopolisierung von Gemeingüterträgen nicht weniger verfälscht als durch Ausnutzung von Marktmacht beim Diktat von Preisen und Qualitäten.

So wird begreiflich, dass der Primat des Kapitals –

sein Vorrang vor den anderen Produktionsfaktoren Arbeit, Gesellschaft und Natur – weniger eine Bedingung für effizientes Wirtschaften als ein Verteilungsinstrument darstellt, das nicht nur den demokratischen Wohlstand, sondern generell die nachhaltige Entwicklung verhindert. Effizienz im Sinn der ethisch vertretbaren Minimierung von Kosten (4.1–2) ist bei Gleichrang der Faktoren sogar noch eher erreichbar. Deshalb ist es nur *ein* Schritt zur nachhaltigen Entwicklung, die Finanzmärkte wirksam zu kontrollieren (5.3). Schon das wird in so vielen Details auf Widerstand stoßen, dass höchste Wachsamkeit der Öffentlichkeit geboten ist. Zugleich aber muss als ein *zweiter,* ebenso wichtiger Schritt auch auf den realen Märkten die Sozialbindung des Kapitals verstärkt werden, durch Gleichordnung der Produktivkräfte und Orientierung des Wettbewerbs am Nachhaltigkeitsprinzip (5.1–2). Das wird nur geschehen, wenn wir das Leitbild des demokratischen Wohlstands bejahen – und darin liegt wohl die größte Herausforderung.

Literatur

Afheldt, Horst (2005). Wirtschaft, die arm macht. München: Kunstmann.

Assheuer, Thomas (2008). Der große Ausverkauf. *Die Zeit*, 27.3.2008, S. 49–50.

Augar, Philipp (2005). *The greed merchants. How the investment banks played the free market game.* London: Penguin Books.

Bakan, Joel (2005). Das Ende der Konzerne. Die selbstzerstörerische Kraft der Unternehmen. Hamburg: Europa Verlag. Originalausgabe (2004). The corporation. The pathological pursuit of profit and power. New York: Free Press.

Barnes, Peter (2006). *Capitalism 3.0. A guide to reclaiming the commons.* San Francisco: Berrett-Koehler.

Bourdieu, Pierre (1983). Ökonomisches Kapital, kulturelles Kapital, soziales Kapital. In: R. Kreckel (Hg.). *Soziale Ungleichheiten. Soziale Welt, Sonderband 2.*

Braudel, Fernand (1986). *Die Dynamik des Kapitalismus.* Stuttgart: Klett-Cotta.

Braungart, Michael & McDonough, William (2003). *Einfach intelligent produzieren. Cradle to cradle: Die Natur zeigt, wie wir die Dinge besser machen können.* Berlin: Berliner Taschenbuch Verlag.

Carson, Rachel (1962). *Silent spring.* Boston: Houghton Mifflin. Deutsch (1976). *Der stumme Frühling.* München: Beck.

Cross, Gary (2000). *An all-consuming century: Why commercialism won in modern America.* New York: Columbia University Press.

Dahm, Daniel J. & Scherhorn, Gerhard (2008). *Urbane Subsistenz. Die zweite Säule des Wohlstands.* München: oekom Verlag.

Dahrendorf, Ralf (1983). *Die Tätigkeitsgesellschaft.* In: Ders., *Die Chancen der Krise,* S. 88–100. Stuttgart: Deutsche Verlagsanstalt.

Daly, Herman E. (1992). Vom Wirtschaften in einer leeren Welt zum Wirtschaften in einer vollen Welt. Wir haben einen historischen Wendepunkt in der Wirtschaftsentwicklung erreicht. In: Goodland, Robert, Daly, Herman

E., Serafy, Salah El & Droste, Bernd von (Hg.). *Nach dem Brundtland-Bericht: Umweltverträgliche wirtschaftliche Entwicklung,* S. 29–39. Bonn: Bundesforschungsanstalt für Naturschutz und Landschaftsökologie.

Diamond, Jared (2006). *Kollaps. Warum Gesellschaften überleben oder untergehen.* Frankfurt am Main: Fischer.

Edsall, Thomas (1985). *The new politics of inequality.* New York: Norton.

Frank, Robert (2007). *Falling behind. How rising inequality harms the middle class,* Kap. 2. Berkeley: University of California Press.

Frank, Robert & Cook, Philip (1995). *The winner-take-all society.* New York: The Free Press.

Friedman, Milton (1962). *Capitalism and freedom.* Chicago: The University of Chicago Press. Deutsch (2002). *Kapitalismus und Freiheit.* Frankfurt am Main: Eichborn.

Goodrich, Carter (Ed., 1967). *The government and the economy, 1783–1861.* Indianapolis: Bobbs-Merrill.

Grossman, Richard L. & Adams, Frank T. (1993). *Taking care of business: Citizenship and the charter of incorporation.* Cambridge, MA 02140: Charter, Ink., PO Box 806.

Hardin, Garret (1968). The tragedy of the commons. *Science, 162,* pp. 1243–1248.

Harrod, Roy F. (1958). The possibility of economic satiety. In: Committee for Economic Development (Ed.). Problems of US Economic Development Vol. I, pp. 73–74. New York: Committee for Economic Development.

Harvey, David (2007). *Kleine Geschichte des Neoliberalismus.* Zürich: Rotpunktverlag.

Heinberg, Richard (2002). A history of corporate rule and popular protest. *Nexus Magazine, 9,* No. 6 (Oct–Nov.).

Hirsch, Fred (1977). *Social limits to growth.* London: Routledge & Kegan Paul. Deutsch (1980). *Die sozialen Grenzen des Wachstums.* Reinbek: Rowohlt.

Hirschman, Albert O. (1974). *Abwanderung und Widerspruch: Reaktionen auf Leistungsabfall bei Unternehmungen, Organisationen und Staaten.* Tübingen: Mohr.

Hirschman, Albert O. (1980). *Leidenschaften und Interessen. Politische Begründungen des Kapitalismus vor seinem Sieg.* Frankfurt: Suhrkamp.

Hoffmann, Johannes (2008). Ethische Kritik des Wettbewerbsrechts. In: J. Hoffmann & G. Scherhorn (Hg.), *Eine Politik für Nachhaltigkeit.* Erkelenz: Altius Verlag (im Druck).

Hoffmann, Johannes & Scherhorn, Gerhard (2002). *Saubere Gewinne.* Freiburg: Herder.

Huffschmid, Jörg (2002). *Politische Ökonomie der Finanzmärkte.* Hamburg: VSA-Verlag.

Jenner, Gero (2008). *Das Pyramidenspiel. Finanzkapital manipuliert die Wirtschaft.* Wien: Amalthea Signum Verlag.

Jungbluth, Rüdiger (2008). Eine Frage der Moral. *Die Zeit, Jg. 63, Nr. 11, 6. März, S. 1.*

Kahnemann, Daniel & Tversky, Amos (Eds., 2000). *Choices, values and frames.* New York: Cambridge University Press.
– Dieselben (1984). Choices, values and frames. *American Psychologist, 39,* pp. 341–350.

Kapoor, Sony (2007). *Hamorhaging money. A Christian Aid briefing on the problem of illicit capital flight.* http://christianaid.org.uk/images/F1593PDF.pdf (Zugriff Oktober 2008).

Kapp, K. William (1950). *The social costs of private enterprise.* Cambridge/Mass.: Harvard University Press.

Kelly, Marjorie (2001). *The divine right of capital.* San Francisco: Berrett-Koehler Publ.

Keynes, John Maynard (1930). Economic possibilities for our grandchildren, in: *The Collected Writings of John Maynard Keynes, Vol. IX,* S. 325.

Klein, Naomi (2007). *Die Schock-Strategie. Der Aufstieg des Katastrophen-Kapitalismus.* Frankfurt am Main: Fischer.

Kopytoff, I. (1986). The cultural biography of things: Commoditization as process. In: A. Appadurai (Ed.). *The social life of things: Commodities in a cultural perspective.* Cambridge/UK: Cambridge University Press.

Kronsbein, Joachim (2008). Große Namen, großes Geld. *Der Spiegel,* Nr. 38, 15.9.2008, S. 180–182.

Krugman, Paul (2008). *Nach Bush. Das Ende der Neokonservativen und die Stunde der Demokraten.* Frankfurt am Main: Campus. Originalausgabe (2007). *The conscience of a liberal.* New York: Norton.

Liebert, Nicola (2008). Konzerne plündern Kassen des Südens. *Die Tageszeitung,* 17.5.2008, S. 9.

Lovelock, James (1988). *Das Gaia-Prinzip.* Zürich: Artemis & Winkler.

Manno, Jack (2002). Commoditization: Consumption efficiency

and an economy of care and connection. In: Th. Princen, M. Maniates & K. Conca (Eds.). *Confronting consumption*, pp. 67–99. Cambridge/ Mass.: MIT Press.

Marmot, Michael (2004). *The status syndrome. How social standing affects our health and longevity.* New York: Times Books.

McKendrick, Neil, Brewer, John & Plumb, John H. (1982). *The birth of a consumer society. The commercialization of eighteenth-century England.* London: Europa Publishers.

Meyer-Abich, Klaus Michael (1992). Europas absolutistische Konsumwelt – Die zweite kopernikanische Wende. *Zeitschrift für Didaktik der Philosophie, 14* (1), S. 8–15.

Meyer-Abich, Klaus Michael (1997). *Praktische Naturphilosophie.* München: Beck.

Mill, John St.: *Principles of politcal economy*, Book II, Chapter II, § 6, Ausgabe von 1909, Nachdruck Fairfield/N.J. 1987: Kelley Publ.

Mitchell, Lawrence E. (2002). *Der parasitäre Konzern. Shareholder value und der Abschied von gesellschaftlicher Verantwortung.* München: Riemann Verlag.

Montanari, Massimo (1999). *Der Hunger und der Überfluss. Kulturgeschichte der Ernährung in Europa.* München: Beck.

Pfister, Christian (Hg., 1995). *Das 1950er Syndrom. Der Weg in die Konsumgesellschaft.* Bern: Paul Haupt.

Polanyi, Karl (1944). *The great transformation.* New York: Farrar. Zitiert nach der deutschen Ausgabe (1978). *The great transformation.* Frankfurt am Main: Suhrkamp.

Princen, Thomas (2005). *The logic of sufficiency.* Cambridge/ Mass.: MIT Press.

Public Citizen (2001). *NAFTA chapter 11 investor-to-statec cases: Bankrupting democracy.* Washington DC: Public Citizen's Global Trade Watch.

Putnam, Robert (1993). *Making Democracy Work: Civic Traditions in Modern Italy.* Princeton: Princeton University Press.

Rajan, Raghuram (2008). Die Alpha-Fälscher. Financial Times Deutschland, 10.1.2008.

Reich, Robert (2008). *Superkapitalismus. Wie die Wirtschaft unsere Demokratie untergräbt.* Frankfurt am Main: Campus Verlag.

Rügemer, Werner (2008). *»Heuschrecken« im öffentlichen Raum. Public Private Partnership – Anatomie eines globalen Finanzinstruments.* Bielefeld: transcript Verlag.

Scherhorn, Gerhard (1998a). Der Mythos des Privateigentums und die Wiederkehr der Commons. In: A. Biesecker, W. Elsner & K. Grenzdörffer (Hg.). *Ökonomie der Betroffenen und Mitwirkenden,* S. 29–42. Pfaffenweiler: Centaurus.

Scherhorn, Gerhard (1998b). Privates and Commons – Schonung der Umwelt als kollektive Aktion. In: M. Held & H. G. Nutzinger (Hg.). *Eigentumsrechte verpflichten. Individuum, Gesellschaft und die Institution Eigentum,* S. 184–208. Frankfurt am Main: Campus.

Scherhorn, Gerhard (2005a). Gleiche Chancen für das Kapital. In: K. Woltron, H. Knoflacher & A. Rosik-Kölbl (Hg.). *Wege in den Postkapitalismus,* S. 79–94. Wien: Edition Selene.

Scherhorn, Gerhard (2005b). Markt und Wettbewerb unter dem Nachhaltigkeitsziel. *Zeitschrift für Umweltpolitik & Umweltrecht 28,* 135–154.

Scherhorn, Gerhard (2005c). Wo bleibt der nachhaltige Konsum? *Zeitschrift für Nachhaltigkeit, 1* (1), S. 10–21.

Scherhorn, Gerhard (2008a). *Nachhaltige Entwicklung: Die besondere Verantwortung des Finanzkapitals.* Erkelenz: Altius Verlag.

Scherhorn, Gerhard (2008b). Das Finanzkapital zwischen Gier und Verantwortung. *Zeitschrift für Sozialökonomie, 45,* 156./157. Folge, S. 3–13.

Scherhorn, Gerhard (2008c). Die einseitige Verpflichtung der Kapitalgesellschaften auf das Kapitalinteresse. In: J. Hoffmann & G. Scherhorn (Hg.). *Eine Politik für Nachhaltigkeit.* Erkelenz: Altius Verlag (im Druck).

Schmid, Wilhelm (2006). Die Fülle des Lebens. Frankfurt/Main: Fischer.

Schmidt, Reinhard, H. (2008). Mikrofinance, Kommerzialisierung und Ethik. In: J. Hoffmann & G. Scherhorn (Hg.), *Eine Politik für Nachhaltigkeit:* Erkelenz: Altius Verlag (im Druck).

Schneider, Uwe H. (2006). »Systematisch geschwächt.« Interview in *Der Spiegel 38/2006,* S. 100.

Schumann, Harald & Grefe, Christiane (2008). *Der globale Countdown. Gerechtigkeit oder Selbstzerstörung – Die Zukunft der Globalisierung.* Köln: Kiepenheuer & Witsch.

Simmel, Georg (1904). Fashion. *International Quarterly, 10,* pp. 130–155.

Solte, Dirk (2007). *Weltfinanzsystem am Limit.* Berlin: Terra Media Verlag.

Stahlmann, Volker & Clausen, Jens (2000). *Umweltleistung von Unternehmen. Von der Öko-Effizienz zur Öko-Effektivität.* Wiesbaden: Gabler.

Stiglitz, Joseph (2004). *Der Schatten der Globalisierung.* München: Goldmann.

v. Weizsäcker, Ernst U. & Young, Oran R. (Hg., 2006). *Grenzen der Privatisierung. Wann ist des Guten zuviel? Bericht an den Club of Rome.* Stuttgart: Hirzel.

Wallerstein, Immanuel (1974). *The modern world system.* Deutsch (1986). *Das moderne Weltsystem.* Kapitalistische Landwirtschaft und die Entstehung der europäischen Weltwirtschaft im 16. Jahrhundert. Frankfurt am Main, Neuauflage Wien 2004: Promedia Verlag.

Wallerstein, Immanuel (1980). *The modern world system II.* Deutsch (1998). *Das moderne Weltsystem II.* Der Merkantilismus. Europa zwischen 1600 und 1750. Wien: Promedia.

Wallerstein, Immanuel (1987). *The second era of great expansion of the capitalist world-economy.* Deutsch (2004). *Die große Expansion. Das moderne Weltsystem III.* Die Konsolidierung der Weltwirtschaft in langen 18. Jahrhundert. Wien: Promedia.

Wallerstein, Immanuel (2002). *Utopistik. Historische Alternativen des 21. Jahrhunderts.* Wien: Promedia Verlag.

Williamson, John (1994). *The political economy of policy reform.* Washington D.C.: Institute for International Economics.

Wisniewski, Maciej (2007). »Das Chaos ist ein Zeichen für den Fall des Systems.« Gespräch mit Immanuel Wallerstein. *Junge Welt,* 27.10.2007.

Woll, Artur (1996). *Wirtschaftslexikon,* 8. Aufl. München: Oldenbourg.

Wuppertal Institut (Hg., 2005). *Fair Future. Ein Report des Wuppertal Instituts.* München: C.H. Beck Verlag.

Zinn, Howard (2001). *A people's history of the United States: 1492 to Present.* New York: Harper Perennial. Deutsch (2007). *Eine Geschichte des amerikanischen Volkes.* Berlin: Schwarzerfreitag Verlag.

Anmerkungen

1 Die Unterscheidung zwischen Kapitalismus und Marktwirtschaft nach Braudel 1986, *Die Dynamik des Kapitalismus,* S. 48–68.

2 Jenner 2008, *Das Pyramidenspiel.*

3 Carson 1962, *Silent spring.* Deutsche Ausgabe 1976: *Der stumme Frühling.*

4 Lovelock 1988, *Das Gaia-Prinzip,* S. 291.

5 Hoffmann & Scherhorn 2002, *Saubere Gewinne,* S. 130–134.

6 Marmot 2004, *The status syndrome.*

7 Den Begriff der *natürlichen* Mitwelt verwende ich nach Meyer-Abich 1997, S. 25: »Die Natur ist das Ganze, von dem wir ein Teil sind. Sie ist nicht nur die außermenschliche Natur, sondern diese ist ebenfalls ein Teil des Ganzen, allerdings der größere. Zur Unterscheidung sowohl von der Menschheit als auch vom Ganzen der Natur nenne ich sie unsere natürliche Mitwelt.« Der Begriff umfasst das Naturgegebene an der Umwelt, also Tiere und Pflanzen, Mineralien und Gewässer, kurz: die belebte und unbelebte Materie einschließlich der Ökosysteme und des Klimasystems.

8 Die Arbeitnehmer eines Unternehmens muss man je nach dem Zusammenhang teils zu der sozialen Mitwelt und teils zu der Innenwelt des Unternehmens zählen. Für die Kapitaleigner gehören sie zur Mitwelt, für das Ganze des Unternehmens zu dessen Innenwelt.

9 Exponentiell nennt man ein Wachstum mit gleichbleibenden Zinsen oder *Zuwachsraten,* die das Anfangskapital progressiv vermehren, weil die absoluten jährlichen *Zuwächse* immer größer werden. Im Unterschied dazu bleiben die Zuwächse beim linearen Wachstum gleich, weshalb die Zuwachsraten sinken.

10 Solte 2007, *Weltfinanzsystem am Limit.*

11 Vgl. Solte 2007, S. 44 ff.

12 Die Formulierung verdanke ich Dr. Hans-Jochen Luhmann, Wuppertal Institut.

13 Scherhorn 2008b, Das Finanzkapital zwischen Gier und Verantwortung.

14 Augar 2005, *The greed merchants,* S. 99.

15 Solte 2007, S. 41–51.

16 Informationen dazu bei Harvey 2007, *Kleine Geschichte des Neoliberalismus,* S. 18 und die S. 257 angegebene weitere Literatur, außerdem bei Krugman 2007, *Nach Bush,* S. 45–90; Klein 2007, *Die Schock-Strategie,* S. 75–106.

17 Reich 2008, *Superkapitalismus,* S. 79 und passim.

18 Rügemer 2008, *»Heuschrecken« im öffentlichen Raum,* S. 14f.

19 Krugman 2007.

20 Detailliert beschrieben bei Klein 2007, Kap. 3 bis 8.

21 »Nur eine Krise – eine tatsächliche oder empfundene – führt zu echtem Wandel. Wenn es zu so einer Krise kommt, hängt das weitere Vorgehen von den Ideen ab, die im Umlauf sind. Das ist meiner Ansicht nach unsere Hauptfunktion: Alternativen zur bestehenden Politik zu entwickeln, sie am Leben und verfügbar zu halten, bis das politisch Unmögliche politisch unvermeidbar wird.« (Friedman 1982, *Capitalism and freedom,* im Vorwort zum Neudruck der Ausgabe von 1962, in der deutschen Ausgabe nicht enthalten, hier zitiert nach Klein 2007, S. 197).

22 Nach Reich 2008, S. 24 und 91ff., war es eher umgekehrt: Unternehmer drängten auf Abbau veralteter Regulierungsstrukturen und bedienten sich dabei neoliberaler Argumente.

23 Kelly 2001, *The divine right of capital,* Kap. 1–3.

24 Das Zusammengehen von Unternehmen und Think Tanks in kooperativen Aktionen zur Beeinflussung von Politik und Öffentlichkeit ist kompetent beschrieben bei Edsall 1985, *The new politics of inequality.*

25 Polanyi 1944, *The great transformation,* S. 339f.

26 vgl. Reich 2008, S. 72–118.

27 Solte 2007, S. 42.

28 Krugman 2008, S. 23.

29 Harvey 2007, S. 26.

30 Ebenda, S. 27.

31 Der »Washington Consensus« von 1989 (abgedruckt als Appendix in Williamson 1994, *The political economy of policy reform),* war eine Liste der entwicklungspolitischen Strategien, auf die man sich in der Weltbank und im Internationalen Währungsfonds geeinigt hatte. Sie »lief auf

nichts anderes hinaus als Friedmans neoliberales Triumvirat von Privatisierung, Deregulierung/Freihandel und drastischen Einschnitten bei den Staatsausgaben« (Klein 2007, S. 229).

32 Ebenda, S. 51.
33 zuletzt im Verhältnis zum Irak, vgl. Harvey 2007, S. 13.
34 Stiglitz 2004, *Der Schatten der Globalisierung,* S. 28ff.
35 Harvey 2007, S. 199.
36 Ebenda, S. 45.
37 Ebenda, S. 29.
38 Hirschman 1980, *Leidenschaften und Interessen,* S. 139.
39 Schumann & Grefe 2008, *Der globale Countdown,* S. 85; vgl. auch Reich 2008, S. 100.
40 Reich 2008, S. 98: »So wie Wal-Mart und andere Megamärkte die Kaufkraft ihrer zahlreichen Einzelkunden bündelten, so bündelten die Investment- und Rentfonds die Macht der vielen einzelnen Anleger.«
41 Hirschman 1980.
42 Interview mit dem Wirtschaftshistoriker Immanuel Wallerstein. Siehe Wisniewski 2007. Vgl. auch Wallerstein 2002, *Utopistik. Historische Alternativen des 21. Jahrhunderts.*
43 Die Formulierung verdanke ich einem Gespräch mit Klaus-Michael Meyer-Abich.
44 Reich 2008, Kap. 2, vgl. insbes. S. 79.
45 Der Begriff erstmals bei Kapp 1950, *The social costs of private enterprise.*
46 vgl. Stahlmann & Clausen 2000, *Umweltleistung von Unternehmen.*
47 Harvey 2007, S. 198–205.
48 Rajan 2008, Die Alpha-Fälscher.
49 Dazu ausführlich Augar 2005, S. 63–84.
50 Liebert 2008, Konzerne plündern Kassen des Südens, und Kapoor 2007, *Hamorrhaging money.*
51 Barnes 2006, *Capitalism 3.0. A guide to reclaiming the commons,* S. 22.
52 Schumann & Grefe 2008, S. 87.
53 Kelly 2001, S. 34.
54 Das Sozialkapital des Individuums ist nach Bourdieu 1983 das Potenzial seiner sozialen Beziehungen zu anderen Individuen, das gesellschaftliche Sozialkapital ist nach Putnam

1993 die Summe der sozialen Netzwerke und kulturellen Normen, die den Zusammenhalt und die Entwicklung der Gesellschaft fördern.

55 Siehe Abschnitt 1.2, Anm. 8.

56 Pfister 1995, *Das 1950er Syndrom.*

57 Wuppertal Institut 2005, *Fair Future.*

58 Princen 2005, *The logic of sufficiency,* pp. 159–222, vgl. insbes. 164, sowie auch die neueren Berichte über Pacific Lumber im Internet.

59 Scherhorn 1998a, Der Mythos des Privateigentums und die Wiederkehr der Commons; Scherhorn 1998b, Privates and Commons – Schonung der Umwelt als kollektive Aktion.

60 Die Argumente entstammen einem Artikel von Rüdiger Jungbluth: *Eine Frage der Moral,* der auf der ersten Seite der Wochenzeitung *Die Zeit,* Jg. 63, Nr. 11, vom 6. März 2008 erschienen ist.

61 Assheuer 2008, Der große Ausverkauf, S. 50.

62 Kelly 2001.

63 Assheuer 2008, S. 49.

64 Hardin 1968, The tragedy of the commons.

65 Vgl. etwa Montanari 1999, *Der Hunger und der Überfluss,* S. 39–61.

66 v.Weizsäcker & Young 2006, *Grenzen der Privatisierung.*

67 Barnes 2006, S. 19.

68 Barnes 2006, S. 65ff.

69 Scherhorn 2008a, *Nachhaltige Entwicklung,* S. 42ff.

70 Reich 2008, S. 152f.

71 Frank & Cook 1995, *The winner-take-all society.*

72 Das jüngste Beispiel dafür ist die Monopolstellung von Universal Music, dem »Marktführer für klassische Musik« (Kronsbein 2008, Große Namen, großes Geld, S. 180).

73 Reich 2008, S. 145–152.

74 Frank 2007, *Falling behind,* S. 98.

75 Frank & Cook 1995, S. 85ff.

76 Ebenda, S. 90.

77 Ebenda, S. 43–51, 78–86.

78 vgl. Wallerstein 1986, *Das moderne Weltsystem. –* Ders. 1998, *Das moderne Weltsystem II. –* Ders. 2004, *Die große Expansion. Das moderne Weltsystem III.*

79 Zur Kommodifikation Cross 2000, *An all-consuming*

century; Kopytoff 1986, Commoditization as process; Manno 2002, Commoditization.

80 Zu den Widersprüchen ausführlich Wallerstein 2002, *Uto-pistik. Historische Alternativen des 21. Jahrhunderts.*

81 Vgl. Afheldt 2005, *Wirtschaft die arm macht.*

82 Solte 2007, S. 125 (Inflation), S. 147 (Staatsverschuldung).

83 Reich 2008, Kapitel 3.

84 Scherhorn 2005a, Gleiche Chancen für das Kapital.

85 Nach Kelly 2001, S. 24.

86 Ebenda, S. 156.

87 Das Kapitel 11 des North American Free Trade Agreement (NAFTA) gibt Firmen aus einem der drei Unterzeichner-staaten Canada, USA und Mexico sogar das Recht, von den anderen Regierungen Schadensersatz zu fordern, wenn die-se den Import eines umwelt- und gesundheitsschädlichen Produkts untersagen, das im Heimatstaat der Firma bereits verboten ist. Vgl. Public Citizen 2001, *NAFTA chapter 11 investor-to-state Cases: Bankrupting democracy.*

88 Diamond 2006, *Kollaps. Warum Gesellschaften überleben oder untergehen*, S. 596f. Eine ausführliche Darstellung bei Bakan 2005, *Das Ende der Konzerne,* S. 48f.

89 Bakan 2005, S. 61.

90 Mitchell 2002, *Der parasitäre Konzern*, S. 81.

91 Scherhorn 2005b, Markt und Wettbewerb unter dem Nach-haltigkeitsziel.

92 Hoffmann 2008, Ethische Kritik des Wettbewerbsrechts.

93 Die meisten davon stehen auch im Kommuniqué des Sym-posiums über »Politische Leitplanken für nachhaltige Märk-te und nachhaltigen Wettbewerb«, abgedruckt in Hoffmann & Scherhorn 2008, *Eine Politik für Nachhaltigkeit.*

94 Mit Ländern wie Belgien, Irland, Luxemburg, Liechten-stein, Österreich, Schweiz und vor allem dem Vereinigten Königreich, dessen privilegierte Behandlung von *non-do-miciled residents* im Verein mit der Steuerbefreiung auf Jersey, Guernsey, Sark, der Isle of Man, den Cayman und Virgin Islands und den Bermudas den Bankplatz London zum größten »Steuerparadies« gemacht hat, vgl. etwa Rü-gemer 2008, S. 17.

95 Das Bilanzreformgesetz verpflichtet große Kapitalgesell-schaften seit 2005, »nichtfinanzielle Leistungsindikato-ren« in die Berichterstattung einzubeziehen, allerdings nur

sofern diese »relevant für den Unternehmenserfolg« sind.
Diese Einschränkung muss durch die Pflicht zur Informa-
tion über den Beitrag des Unternehmens *zur nachhaltigen
Entwicklung* ersetzt werden.

96 Reich 2008, S. 169. »In den 90er Jahren hielt der durch-
schnittliche Anleger seine Aktien rund zwei Jahre lang. Im
Jahr 2002 war es weniger als ein Jahr, und im Jahr 2994
hatte sich der Zeitraum auf rekordverdächtige sechs Monate
verkürzt.« (ebenda, S. 98)

97 Schmidt 2008, Mikrofinance, Kommerzialisierung und
Ethik.

98 Diamond 2006.

99 Harrod 1958, The possibility of economic satiety.

100 Hirsch 1980, *Die sozialen Grenzen des Wachstums.* Der
Bezug auf Harrod auf S. 47.

101 Harrod 1958, S. 73.

102 Keynes 1930, Economic possibilities for our grandchildren.

103 Dahrendorf 1983, *Die Tätigkeitsgesellschaft,* S. 91.

104 Schmid 2006, *Die Fülle des Lebens,* S. 33.

105 vgl. Dahm & Scherhorn 2008, *Urbane Subsistenz. Die zweite Säule des Wohlstands,* Kap. 8.3.

106 Kahnemann & Tversky 1984, Choices, values and frames;
Dieselben 2000, *Choices, values and frames.*

107 vgl. McKendrick, Brewer & Plumb 1982, *The birth of a
consumer society*; und Meyer-Abich 1992, Europas absolutistische Konsumwelt.

108 Zur Vorstellung des Herabtröpfelns neuer Ansprüche von
oben nach unten vgl. Simmel 1904, Fashion.

109 »*Primäre* Einkommensverteilung ist die sich aus dem
Marktprozess ergebende Verteilung gegenüber der *sekundären,* die das Ergebnis der [staatlichen] Einkommensum-
verteilung ist.« (Woll 1996, *Wirtschaftslexikon,* S. 155).

110 vgl. Scherhorn 2005c, Wo bleibt der nachhaltige Konsum?

111 Reich 2008, S. 275f.

Der Autor

Gerhard Scherhorn ist Volkswirtschaftler; er promovier-
te und habilitierte bei dem Finanzwissenschaftler Günter
Schmölders, Universität zu Köln. Heute lebt und arbeitet
er in Mannheim als emeritierter Professor für Konsum-
ökonomik der Universität Hohenheim (Stuttgart) und Se-
nior Consultant des Wuppertal Instituts. Er war Mitglied
des Sachverständigenrats zur Begutachtung der gesamt-
wirtschaftlichen Entwicklung, Mitglied des Verbraucher-
beirats beim Bundesminister für Wirtschaft, Mitglied des
Verwaltungsrats der Stiftung Warentest und Mitheraus-
geber des »Journal of Consumer Policy«.

Buchpublikationen: 1959 Bedürfnis und Bedarf, 1961 Me-
thodologische Grundlagen der sozialökonomischen Ver-
haltensforschung, 1964 Information und Kauf, 1972 Ver-
braucherinteresse und Verbraucherpolitik, 1973 Gesucht:
Der mündige Verbraucher, 1974–1979 5 Jahresgutachten
des Sachverständigenrats (Mitautor, 1977 Minderheitsgut-
achten). 1983 Arbeit ohne Umweltzerstörung (mit H. Chr.
Binswanger u.a.), 1997 Ethische Kriterien für die Bewertung von Unternehmen (mit J. Hoffmann u.a.), 1997 Wege
zu nachhaltigen Konsummustern (mit L. Reisch u.a.), 1997
Arbeitsplatzvernichtung und Umweltzerstörung haben die
gleiche Ursache, 1999 Wirtschaft ohne Wachstumsstreben
– Chaos oder Chance? (mit L. Bakker und R. Loske), 2002
Nachhaltiger Konsum (mit Chr. Weber), 2002 Saubere Gewinne (mit J. Hoffmann), 2008 Nachhaltige Entwicklung:
Die besondere Verantwortung des Finanzkapitals, 2008
Urbane Subsistenz – die zweite Quelle des Wohlstands
(mit D. Dahm).